認知症の人にやさしい金融ガイド

多職種連携から高齢者への対応を学ぶ

Practical Guide for Dementia friendly Financial services

実践！

監修／一般社団法人
日本意思決定支援推進機構

編著／
成本　迅 Jin Narumoto
COLTEMプロジェクト

はじめに

「実践 認知症の人にやさしい金融ガイド」

急激な高齢化の進展により、金融機関においても、日常生活で支援を要する高齢顧客への対応について、これまでと異なった視点が必要になっています。

ある金融機関の報告によると、高齢者への窓口対応における困りごとの調査に対し、「尋ねられたことを何度説明しても理解してくれない」「通帳や書類の再発行を繰り返し依頼してくる」「『預金の残高がおかしい』『誰かに盗られた』など盗まれたことを訴えてくる」「説明している最中に突然怒り出すなど、感情が不安定」などの回答が寄せられました。これらの回答からは、高齢者に対する金融機関の窓口対応の大変さが垣間見られます。

その他にも、「普段とは違う知人に連れられながら、多額、もしくは通常では考えられない金額を引き出す」「家族や友人、もしくは他の人物から金融取引を強要されているように見える」の回答もあり、高齢者に対する経済的虐待や詐欺、恐喝の疑いがある事態が、金融機関の窓口で起こっていることがわかります。

私たちは、科学技術振興機構「革新的イノベーション創出プログラム（COI STREAM）」の中で「高齢者の地域生活を健康時から認知症に至るまで途切れなくサポートする法学、工学、医学を統合した社会技術開発拠点（Collaboration center of law, technology and medicine for autonomy of older adults:COLTEM）」というプロジェクトを立ち上げ、法学、工学、医学の研究者、福祉・介護の実務家、金融機関、企業および行政が一体となったチームで、高齢者の方々の生活を支える革新的かつ経済的な包括的支援システムの開発を検討しています。

その一環として、本書では、多くの金融機関が加盟する21世紀金融行動原則から、上述したような金融機関窓口での高齢者対応の困りごと事例の提供を受け、これらの事例

の対応について、日々高齢者と正面から向き合っている、精神科医、臨床心理士、弁護士、司法書士、社会福祉士が協働で検討を重ね、1冊のガイドにまとめました。金融機関において、高齢者の安心感を高め、お互いの信頼関係を維持、向上し、適正な意思を引き出す方法や気づきのヒントなど、店頭や訪問時における接客の場面で知っておくと有益な、専門的な知見を掲載しています。

本書は、今までの金融機関向けの高齢者対応のハウツー本とは異なり、理論と実践の両面から、医療、福祉・介護、法律の専門職、金融機関などの多職種が連携する高齢者対応を具体的に学ぶことができるガイドです。

今後増加する高齢者、認知症高齢者の顧客対応を行う金融機関にとって、必携の1冊になると考えています。

最後に、本書の作成にあたって、専門的知識をご提供いただいた志學館大学の飯干紀代子先生、中央大学の小賀野晶一先生、貴重な事例のご提供およびご助言をいただいた株式会社京都銀行様、21世紀金融行動原則・持続可能な地域支援ワーキンググループの株式会社三井住友銀行様、損害保険ジャパン日本興亜株式会社様、第一生命保険株式会社様、三井住友信託銀行株式会社様、ご助言いただいたみずほ情報総研株式会社様、大日本印刷株式会社様、株式会社ベネッセスタイルケア様に多大なご協力をいただきました。この場を借りて、心よりお礼申し上げます。

執筆メンバー一同

「高齢者の地域生活を健康時から認知症に至るまで途切れなくサポートする法学、工学、医学を統合した社会技術開発拠点 (Collaboration center of law, technology and medicine for autonomy of older adults: COLTEM)」について詳しく知りたい方はホームページをご覧ください。

 http://coltem.com/

CONTENTS　実践!　認知症の人にやさしい金融ガイド
多職種連携から高齢者への対応を学ぶ

はじめに　　　　　　　　　　　　　　　　　　　　　　　　　2

1　認知症の理解（医学的見地から）　7

❶主な認知症ごとの特徴　　　　　　　　　　　　　　9

❷地域連携、多職種連携の必要性　　　　　　　　　　15

　●資料　認知症チェックリストの例　　　　　　　　16

2　知っておくべき基本知識　17

❶高齢者とのコミュニケーションのとり方　　　　　　18

❷高齢者との信頼関係の築き方　　　　　　　　　　　21

❸意思決定能力とは　　　　　　　　　　　　　　　　23

❹金融機関における認知症気づきのポイント　　　　　25

❺金融機関と公的支援窓口との連携　　　　　　　　　26

　●資料　様々な機関と積極的に連携をしていきましょう　27

3　今すぐ活かせる!　ケース・スタディ　29

❶「通帳・印鑑を繰り返しなくす」　　　　　　　　　30

　●金融機関の対応方法のポイント　　　　　　　　　32

　●医師、福祉・介護職、法律家からのアドバイス　　35

　●資料　日常生活自立支援事業と成年後見制度　　　38

❷「経済的虐待」　　　　　　　　　　　　　　　　　41

　●金融機関の対応方法のポイント　　　　　　　　　43

　●医師、福祉・介護職、法律家からのアドバイス　　44

　●こんなケースにも虐待が　　　　　　　　　　　　47

　●資料　虐待防止の視点におけるアセスメント項目の例　48

❸「詐欺被害」　　　　　　　　　　　　　　　　　　51

　●金融機関の対応方法のポイント　　　　　　　　　52

　●医師、福祉・介護職、法律家からのアドバイス　　53

　●こんなケースにも虐待が　　　　　　　　　　　　55

4-1　金融機関の困りごと〔対面編〕　　59

CASE・1　来店目的不明で長時間銀行に居続けるケース　　60
- 知って得する"豆知識"「認知症高齢者を地域で見守る仕組み」　　61

CASE・2　何度もかけてくる電話への対応　　63

CASE・3　預金を盗られたという訴えへの対応　　66
- 必要な"支援・手立て"をつなぐには　　68

CASE・4　本人の認知機能が変動しているケース　　70

CASE・5　決められない本人に代わって、家族が預金解約を希望するケース　　72

CASE・6　本人が成年後見制度の利用を拒否するケース　　73

CASE・7　家族間に意見の対立があり、本人が特定の家族の
言いなりになっているケース　　76

4-2　金融機関の困りごと〔訪問編〕　　79

CASE・1　長くお付き合いのある顧客宅を訪問したら、以前と様子が違うケース　　80
- 今までとの違い"訪問時の気づきのポイント"　　81

CASE・2　長くお付き合いのある顧客が、保険料を滞納するケース　　83

CASE・3　長くお付き合いのある顧客が、最近、自動車事故を頻繁に起こすケース　　85

5　金融機関が準備できること　　87

❶リスク性商品の売買を行う場合　　88
- 例えば、こんな"会話例"はどうでしょう　　93

❷金融機関の組織的な対応方針について　　95

認知症顧客対応べからず十三ヵ条　　98

　　100

あとがき

コラム
- 認知症も早期の治療が大切！　　13
- 金融機関の困りごと第1位は
「何度説明しても理解してくれない」　　28
- 「−5」の苦悩　　40
- 虐待の通報と個人情報保護　　49
- 高齢者をひとくくりにしないで！　　50
- どうしたら家族への連絡が
できるのでしょう？　　57
- つなぐときに考えること　　62
- 抱え込まずに早めの役割分担を‼　　65
- わかってもらえないときは　　68
- 後見こぼれ話─保佐人のつぶやき─　　69
- 「適合性原則」はどこからきたのか？　　90

Practical Guide for Dementia
friendly Financial services

1

認知症の理解
（医学的見地から）

1 認知症の理解（医学的見地から）
原因も症状も様々

認知症とは、①脳の病気が原因で一旦獲得された認知機能が低下しており、②もの忘れや判断力の低下がみられ、③その結果生活がうまく送れなくなっている状態のことを指します。認知症の原因となる病気は様々ですが（表1-1）、アルツハイマー型認知症を代表とする神経変性疾患と呼ばれる病気では、神経細胞の中に毒性のある物質が蓄積することにより徐々に神経が障害され、神経細胞の数が減り、結果として脳が萎縮してきます。年単位で徐々に病状が進行するのが特徴です。

脳卒中の後遺症による血管性認知症は脳出血や脳梗塞など、血管の障害により神経細胞への血行が絶たれて障害を受けることにより生じます。

その他には、脳腫瘍や正常圧水頭症などの脳自体がダメージを受けることにより生じる病気と、アルコールや薬剤（睡眠薬、抗不安薬、ステロイドなど）により神経細胞が障害を受けたり、機能が低下したりして生じる病気があります。また、甲状腺機能低下症やビタミン欠乏などの全身性の疾患でも脳機能が低下して認知症を生じることがあります。

表1-1 ● 認知症の原因となる病気

脳がやせる病気	● アルツハイマー型認知症 ● レビー小体型認知症 ● 前頭側頭型認知症
脳卒中の後遺症	● 血管性認知症
その他	● 脳腫瘍・正常圧水頭症 ● 甲状腺機能低下症・ビタミン欠乏 ● アルコール・薬剤性

1　主な認知症ごとの特徴

アルツハイマー型認知症は全体の半数以上（67.6％）を占め、次に血管性認知症が19.5％、レビー小体型認知症が4.3％、前頭側頭型認知症が1.0％、その他7.6％と報告されています。

出典：厚生労働科学研究費補助金認知症対策総合研究事業「都市部における認知症有病率と認知症の生活機能障害への対応」（代表：朝田隆）平成23年度～平成24年度総合研究報告書

❶ アルツハイマー型認知症

約100年前にドイツのアルツハイマー博士が発見したことからこの名がついています。神経細胞に毒性のある物質が蓄積することで徐々に神経が障害され、死後顕微鏡で脳を見ると老人斑※や神経原線維変化※と呼ばれる変化が確認されます。このような変化は、脳全体に一様に起こるわけではなく、初期には海馬、頭頂葉、側頭葉に生じ、徐々に前頭葉にも広がっていきます（図1-1）。このような病理変化の特徴から、海馬と関連する記憶や、頭頂葉と関連する視空間機能、側頭葉と関連する言語能力などが10年ぐらいの時間をかけて年単位で徐々に障害されていきます（表1-2）。

表1-2●アルツハイマー型認知症の症状と経過

発症前期	・うつ、軽いもの忘れ
初期	・もの忘れ、日付を忘れる
中期	・言葉が出ない、服が着られない、トイレの失敗 ・歩行障害、筋肉が硬くなって動かしにくい ・今いる場所や親しい人を思い出せない
後期	・言葉が出ない ・寝たきり

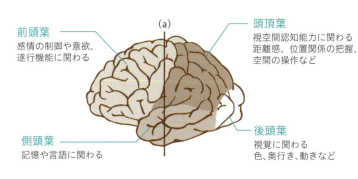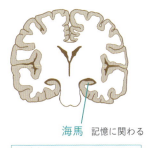

図1-1●脳の構造

※老人斑：βアミロイドと呼ばれるたんぱく質が沈着してできます。年齢を重ねることにより、肌などに出てくるシミのようなものをイメージしてください。この老人斑は、神経の伝達機能を邪魔し、神経細胞にダメージを与えます。

※神経原線維変化：老人斑が細胞の外にできるのに対して、神経原線維変化は神経細胞や神経細胞の突起の中に糸くずのような物質ができます。これが増加すると、正常な神経細胞が減少していき、正常に機能しなくなっていきます。

症例 発症時76歳（女性）

　もともとメモをとる習慣がありましたが、メモを置き忘れるようになりました。また金銭管理もできなくなりました。通常の場所では迷うことはありませんが、地下鉄に乗ると地上に上がったときに場所がわからなくなり迷うことがありました。このため、娘が心配して専門医を受診させ、アルツハイマー型認知症と診断されました。抗認知症薬の投与が開始され、数年は独居を継続できましたが、79歳のときに身の回りのことができなくなり娘と同居を開始しました。同時に介護保険を申請し、ホームヘルパーとデイサービスの利用を開始しています。しばらくはサービスを利用して安定した生活を送っていましたが、82歳時にはよく泣いている姿がみられるようになり、抗うつ薬の投与で改善しました。83歳時には排泄に介助を要するようになるなどADL※の低下が目立つようになりました。また、転倒して大腿骨を骨折して入院しましたが、退院後はぼんやりとして無気力な様子がみられました。この頃から一人で留守番をしているときに、外に出ていて見つかることが何度かありました。ショートステイ※の利用を開始して、娘の介護負担の軽減も図っていました。84歳時にはかぜをひいたのをきっかけに昼と夜が逆転して、夜間眠らずに興奮して家を飛び出そうとすることがありました。85歳になって、在宅での介護を続けるのが難しくなり、グループホームに入居しました。

❷ レビー小体型認知症

　アルツハイマー型認知症と同様、神経変性疾患に分類されます。海馬や頭頂葉、側頭葉といったアルツハイマー型認知症と共通の脳部位に萎縮がみられますが、海馬の萎縮はアルツハイマー型認知症と比較すると軽度です。また、脳血流SPECT※で見ると後頭葉にも血流低下がおよんでいる症例が半数近くあることがわかっています。症状としては、もの忘れや視空間機能障害、言語障害といったアルツハイマー型認知症と共通の症状に加えて、注意が変動しやす

※ADL：Activities of Daily Living（日常生活動作）の略で、日常生活を営む上で、普通に行なっている行為、行動のことです。具体的には、食事や排泄、整容、移動、入浴等の基本的な行動を指します。リハビリテーションや介護の分野で一般的に使われている用語の一つで、要介護高齢者や障害者等が、どの程度自立的な生活が可能かを評価する指標としても使われます。ADLのうち複雑で高次な動作はIADL（Instrumental Activity of Daily Living：手段的日常生活動作）と呼ばれます。例えば、買い物や洗濯、掃除等の家事全般や、金銭管理や服薬管理、外出して乗り物に乗ることなどが該当します。

※ショートステイ：要介護者が施設に期間限定で短期間入所し、食事や入浴といった生活援助や機能訓練を受けることができる、介護負担の軽減にも有効なサービスです。

く、良いときと悪いときの差が大きいことや、幻視、パーキンソン症状がみられることが特徴です。

になると、誰かが部屋に入ってくると訴えて怯えた様子になります（幻視）。

> **症例** 発症時67歳（男性）
>
> 67歳頃より動作が緩慢になり、歩くのが遅く、歩幅が小刻みになりました（パーキンソン症状）。その頃から、妻の顔が別人に見えるといったことも言うようになりました（異常視覚体験）。症状は変動があって、スムーズに会話ができて全く問題なくみえるときと、会話がかみあわずにぼんやりとしてみえるときがあります（変動性）。夜

❸ 血管性認知症

脳梗塞や脳出血といった血管のトラブルの後遺症として生じる認知症です。脳梗塞や脳出血が再発するたびに悪化していく段階ごとの進行が特徴といわれていますが、小さな脳梗塞や慢性の脳虚血※によりゆっくりと症状が進行していくタイプもあります。歩行障害、深部腱反射※の異常といった神経学的徴候がみられるのと、尿失禁が比較的早期からみられます。また、精神面では、感情が高ぶりやすく、怒りっぽくなったりする一方、普段は無気力で活動性が低下していることが多いです。肥満、高血圧、高脂血症、糖尿病などのいわゆる生活習慣病を合併していることが多く、症状の進行防止のためにはこれらの病気のコントロールが重要です。

※ SPECT：Single Photon Emission Computed Tomography（単一フォトン放射断層撮影装置）の略です。脳血流SPECT検査では、脳の血流の状態を見ることができ、萎縮はまだなくても機能が低下しているところは血流が低下することから、MRIやCTより早期に変化を検出することができます。アルツハイマー型認知症や前頭側頭型認知症など認知症の種類によって血流低下のパターンが異なるため、鑑別診断にも有用です。

※ 脳虚血：脳の循環血液量が減少することで、機能障害をきたす状態を指します。この状態が継続すると、器質的病変、すなわち、脳梗塞に陥ることになります。

※ 深部腱反射：膝の下をたたくと脚が前に跳ねる反応のことをいいます。外から急な力がかかることで筋が損傷するのを防ぐ、生理的な防御反応で、反射が過剰に強く出る場合や反対に反射が極端に弱い、もしくは出ない場合には、脊髄につながる神経回路や脳からのコントロールに問題が起きている可能性があります。

> **症例** 発症時84歳（男性）

84歳時に突然言葉が出なくなり（失語）、MRIで左前頭葉に脳梗塞が認められたため、入院治療を受けました。発音は不明瞭ながらも話すことができるまでに回復して退院しましたが、以前楽しみにしていたゲートボールには参加しなくなり、家に引きこもるようになりました（活動性低下、無気力）。持病の糖尿病のために、20年近くにわたってインスリンの自己注射をしていましたが、自分ではうまくできなくなってしまいました（実行機能障害）。

❹ 前頭側頭型認知症

早期から反社会的な行動や脱抑制などの性格・行動の変化がみられるのが特徴です。前頭葉中心に萎縮がみられます。身なりに無頓着になり、万引きをしたり、他人に対する気遣いができなくなります。病識※はないことがほとんどです。食事の好みが変化して、甘いものを好むようになります。記憶や見当識※は症状が進行しても保たれていることが多く、当初は精神疾患と診断されていることもあります。

> **症例** 発症時57歳（男性）

タクシーの運転手をしていましたが、事故を頻繁に起こすようになり、また事故処理をせずにその場を立ち去ってしまうことから、解雇されることを繰り返していました。仕事を辞めて家で過ごすようになってからは、毎日同じ時刻にスーパーへ行って同じ買い物をし、同じ道をたどって帰ってくる生活を送るようになりました（時刻表的生活）。一緒に買い物に行くと、商品をそのまま持って帰ろうとするため制止する必要があります。

※病識：自分自身が病気であるという自覚のことです。病識がないと、治療を拒否したり、途中で通院や投薬をやめてしまったりと、治療に差し障りが生じることがあります。

※見当識：時間、場所、人物などから、自分のおかれた状況を判断する認知機能を見当識（けんとうしき）といいます。見当識が低下することを、見当識障害や失見当識（しつけんとうしき）といい、日付や曜日の把握が難しくなる、今いる場所がわからなくなる、今対面している人が誰なのかわからなくなる、などが起こります。

コラム 認知症も早期の治療が大切！

　認知症においても早期の受診が重要です。認知症の原因になる病気の一部には内科的、あるいは外科的な治療により治るものがあります。正常圧水頭症であれば脳外科的に脳脊髄液を抜く手術を受ければ改善が期待できます。また甲状腺機能低下症やビタミン欠乏であれば、それぞれ甲状腺ホルモンやビタミンを服薬し補充すれば改善します。神経変性疾患は、これまでのところ根治薬は開発されていませんが、進行を遅らせる薬剤は開発されており、診断を受けて早めに服薬を開始すれば、進行を遅らせることが可能です。また、本人を支える体制を早めに整えることで、精神症状を予防したり、悪徳商法の被害にあうなどを防止することが可能になります。まずは、本人と家族に診断と病気の特徴を伝えて、今後の療養に関する心構えをしてもらうことになります。

● どのような症状が出現したら受診するとよいのでしょうか

　もの忘れの症状は、次のような形で日常生活に現れます。①日付けを繰り返し聞く、②繰り返し同じ話をしたり聞いたりする、③置き忘れやしまい忘れが目立つ、④蛇口やガスを閉め忘れる。また、判断力や計画する能力の低下から、次のような変化もみられます。①複雑な料理を作らなくなる、②買い物ができなくなる、③薬の管理ができなくなる。女性の場合は、高齢でも料理や買い物などの家事をしていることが多いことから、比較的変化を捉えやすいのですが、男性で退職後、あまり社会的活動をしていない場合は変化に気づかれず、発見が遅れることがあります。高齢者はたくさんの種類の薬を服用していることが多いことから、薬の管理ができなくなることも早期の生活機能の変化としてよくみられます。高血圧や糖尿病、狭心症のための薬剤などでは、急な中止や過量服用で、重篤な体調悪化につながる可能性があるため注意が必要です。こういった変化に本人が気づいていない場合は、特に認知症である可能性が高くなります。

● 医療機関で確認・評価すること

　医療機関を受診すると、まず認知機能が低下しているかどうかを見極めます。問診では、受診した理由や、もの忘れの自覚の度合いを確認します。また、服薬内容や年齢を聞くことで簡便に近時記憶を評価することができます。認知機

能のスクリーニング検査には、改訂長谷川式簡易知能評価スケール（HDS-R）※やMini-Mental State Examination（MMSE）※などがよく用いられます。また、白紙に11時10分の時計を描かせる時計描画検査（図1-2）も簡便な方法であり、計画力や抽象概念、視空間機能など複数の認知機能を評価することができることからよく用いられています。

認知機能の低下が家族の話や問診、スクリーニング検査から明らかになれば、より詳しい認知機能検査やMRI※、CT※、SPECTといった脳画像検査、採血などの臨床検査が行われます。これらによって、前述した治療可能な認知症を鑑別するとともに、認知症の原因となっている病気を明らかにします。

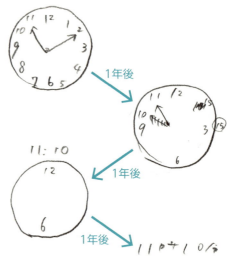

図1-2●認知機能の低下に伴う時計描画の変化

※改訂長谷川式簡易知能評価スケール（HDS-R）：年齢、時間・場所の見当識、3単語の即時再生と遅延再生、計算、数字の逆唱、物品の視覚銘記、言語の流暢性の9項目から構成される認知機能検査です。一般的な目安では、30点満点中20点以下は、認知機能の低下が疑われるとされています。ただし、点数以外に、失点した項目やどのような間違いをしたかなども併せて検討することが重要です。

※Mini-Mental State Examination（MMSE）：時間・場所の見当識、3単語の即時再生と遅延再生、計算、物品呼称、文章復唱、3段階の口頭命令、書字命令、文章書字、図形模写の計11項目から構成され、HDS-Rとも重複する点があります。一般的な目安では、30点満点中23点以下は認知機能の低下が疑われるとされます。ただし、HDS-R同様に、点数以外に失点した項目やどのような間違いをしたかなども併せて検討することが重要です。

※MRI：Magnetic Resonance Imaging（磁気共鳴画像診断装置）の略で、強い磁石と電波を利用して体内の状態を断面像として描写する検査です。CTと同じく脳の萎縮や出血、梗塞などがないかを評価するのに用いられます。CTより詳しい情報が得られ、X線を使わないので被ばくもありませんが、撮像に30分程度かかることから安静を保てる人でないと撮像できません。

※CT：Computed Tomography（コンピュータ断層診断装置）の略で、X線を利用して体内の状態を断面像として描写する検査です。脳の萎縮や出血、梗塞などがないかなどを評価するのに用いられます。

2　地域連携、多職種連携の必要性

　認知症を患った人の生活を支えるには、早期発見や、身体合併症、精神症状への対応といった課題に医療と福祉が連携して取り組んでいく必要があります。例えばアルツハイマー型認知症は、年単位でのゆっくりとした症状の進行が特徴で、図1-3に示すように病期によって異なる課題に対応しながら認知症の人とその家族を支えていく必要があります。

　地域の誰かが本人の認知症に気づいても、本人が診断を受けるまでに時間がかかっていることを入口問題と呼んでいます。この問題の解決に、金融機関の方も地域の一員として顧客の変化に気づけるようになったり、地域の関係機関との連携を密にしたりすることで貢献できます。早期診断は医療機関の役割ですが、その医療機関へ地域や自宅で本人にどのような変化が出ているかの情報を提供することが重要になります。最近は、開業医も認知症のことを学んで対応力を高めており、専門医との病診連携※体制が徐々に構築されつつあります。医師による診断の上、本人に対する福祉サービスの利用が開始されると、認知症の進行防止のための働きかけや家族の介護負担軽減のための介入などが行われます。このとき、本人に被害妄想や幻覚、うつなどの精神症状がみられることが多くあります。認知症がさらに進行して日常生活全般にわたり介護が必要な段階になると、施設に入所して成年後見制度を利用する人も出てきます。認知症の進行とともに現れる身体疾患をどのように治療するかなどの医学的な課題や、看取りをどのように行うかなど倫理的な課題に対処していく必要があります。

図1-3●認知症の経過と課題

※病診連携：地域医療等において、核となる病院と地域内の診療所が行う連携のことです。必要に応じ、患者を診療所から専門医や医療設備の充実した核となる病院に紹介し、高度な検査や治療を提供します。快方に向かった患者は元の診療所で診療を継続します。この仕組みを活用することにより、地域医療における効率的な医療提供が可能になります。

資料　　　　　　　　**認知症チェックリストの例**

自分のもの忘れが気になり始めたら…
自分でチェック

変化はゆっくりと現れることが多いので、
1年前の状態と現在の状態を比べてみるとよいでしょう。

- ☐ ものをなくしてしまうことが多くなり、いつも探し物をしている。
- ☐ 財布や通帳など大事なものをなくすことがある。
- ☐ 曜日や日付を何度も確認しないと忘れてしまう。
- ☐ 料理の味が変わったと家族に言われた。
- ☐ 薬の飲み忘れや、飲んだかどうか分からなくなることがある。
- ☐ リモコンや洗濯機などの電化製品の操作がうまくできない。
- ☐ いらいらして怒りっぽくなった。
- ☐ 一人でいるのが不安になったり、外出するのがおっくうになった。
- ☐ 趣味や好きなテレビ番組を楽しめなくなった。

家族・身近な人のもの忘れが気になり始めたら…
家族・身近な人でチェック

認知症による変化は、本人より周りが先に気づく場合も多いものです。
家族や身近な人がチェックをしてみましょう。

- ☐ 同じことを何度も繰り返して話したり、聞いたりする。
- ☐ しまい忘れが多く、いつも探し物をしている。
- ☐ 曜日や日付が分からず何度も確認する。
- ☐ 料理の味が変わったり、準備に時間がかかるようになった。
- ☐ 薬の飲み忘れや、飲んだかどうか分からなくなることがある。
- ☐ リモコンや洗濯機などの電化製品の操作がうまくできない。
- ☐ 失敗を指摘されると隠そうとしたり、些細なことで怒るようになった。
- ☐ 財布や通帳などをなくして、盗まれたと人を疑う。
- ☐ 趣味や好きなテレビ番組に興味を示さなくなった。

出典：京都市・京都府医師会・認知症疾患医療センター（監修）「認知症？『気づいて相談！』チェックシート」

Practical Guide for Dementia friendly Financial services 2

知っておくべき基本知識

知っておくべき基本知識

1 高齢者とのコミュニケーションのとり方

■ **理解を促し、本人の意思をくみ取る工夫**

　認知症の人に限らず、高齢者の多くに、話が聞こえにくい、字が見えづらいといった、聴力や視力に関する症状がみられます。また、集中力が途切れて考えがまとまらなくなったり、ちょっとしたきっかけで思いが揺れたり、といった思考や判断の曖昧さもみられます。

　高齢者によくみられるこのような感覚や注意・記憶の特徴をふまえながら、本人の理解を促し、自律的な経済活動をサポートするには、次の4つのポイントに留意したコミュニケーションをとることが大切です。

ポイント1　部屋の音や明るさ、人の出入りに配慮しましょう

　その人がもっている知的な能力を最大限に発揮してもらうことが必要です。まず大切なのが、室内の環境です。他の人の話し声などは、高齢者の聞こえを一層悪くします。説明をする人の声だけに集中できるような環境をつくりましょう。

　部屋の明るさも重要です。白内障のある方は明るすぎると、人の表情や書かれた文字が見えにくくなります。高齢者にとってやさしい明るさは、晴れた日にレースのカーテン越しに入ってくる光くらいといわれます（飯干, 2011）。

　人の出入りにも配慮したいものです。高齢になると集中力が乱れやすくなるため、近くを通り過ぎる人、あるいは離れた場所の物音に、パッと視線を向けたり気にしたりしがちです。出入り口近くの場所は控えましょう。

ポイント2　話す声の大きさ、書く文字や図のサイズに気をつけましょう

わかりやすい説明（ポイント3参考）にもかかわらず、話の途中で、本人が聞き返してきた場合、難聴の可能性があります。人は聞こえていなくても、わかったふりをしてしまう傾向がありますし、難聴の高齢者はこれまでに聞き返して嫌な顔をされた経験をもっていることが多いため、聞こえていなくても、うんうんとうなずいたり、わかったような顔でやり過ごす習慣がついている場合があります。

補聴器を持っている方は、必ず、着けてもらいます。補聴器がない場合は、少しでも聞こえの良い耳のほうから話しかけます。その際、必要以上に大きな声を出さないことです。騒音暴露といって、聞こえが一層悪くなってしまう場合があります（飯干, 2011）。もし左右の耳の聞こえが同じくらいなら、こちらの口の形を見るように促して、本人の正面から、大きく口を開けて発音して見せると、聞こえを助けることができます（飯干, 2011）。できるだけ高齢者に聞き取りやすい声を意識して、必要であれば聞き取りやすい単語に言い換えます（図2-1）。

字や図をかきながら説明するときは、大きさに注意しましょう。眼鏡を持っているなら必ずかけてもらいます。字が見えているかを確認するには、こちらが書いた文字を読んでもらいます。認知症などで知的機能が落ちていても、ほとんどの人が平仮名は読めますので、読めない、あるいは紙を近づけたり遠ざけたりするときは、字の大きさが小さいのだと理解することができます。

ポイント3　キーワードとなる言葉は一つの文に1〜2個

高齢になると、記憶の一種であるワーキングメモリーの機能が落ちます。一度に多

サ行、ザ行、マ行、バ行、ワ行、ラ行は聞こえにくい

×「生年月日」→○「誕生日」
×「しちがつ」→○「ななつがつ」

聞き取りやすい言葉に言い換えよう！

● できるだけ低い声を意識
● 一つひとつの言葉をはっきり滑舌良く
● 聞き間違いやすい言葉に注意

図2-1 ● 高齢者に聞き取りやすい発話

くの言葉を記憶することができませんので、長い文の理解が難しくなります。金融取引の説明で使われる用語は、どんなにこちらが噛み砕いて話したとしても、一般の人にとってはなじみが薄いものです。説明のためのキーワードは、一つの文につき1〜2個にとどめましょう。説明するときは、下の例のように、文と文の間に区切りを入れて、相手が理解したかどうかを表情などで確かめ、次に進むようにしましょう。また、これらのキーワードや、簡単な図を紙にかきながら説明することも大切です。

> （例）「○○さんの△△型□□商品が6月で満期となりますので、今後どうされるかご検討いただきたいのです」
> ↓
> 「○○さんは△△型□□商品を契約しています」
> 「6月で満期になります」
> 「その後どういたしましょう」
> 「何かお考えはありますか」
> 「よろしければ、ご一緒に検討しましょう」

ポイント4 キーワードを使いながら、本人に話してもらいましょう

本人がこれまでの説明を理解しているか確かめてみましょう。「ここまでご説明した内容について、おっしゃっていただけますか」と尋ねます。その際、ポイント3で述べたキーワードメモや図を活用します。金融取引で使われる用語の多くは、一般的にはなじみが薄いものです。1回聞いただけでは、説明された用語を使って話すことはできません。むずかしい言葉はメモを見ながら、あるいは指をさしながら、話してもらいましょう。肝心なのは、流暢に話してもらうことではなく、たどたどしくても、メモを見ながらでも、筋の通った話ができるかどうかです。このキーワードを書いたメモは、後日、記憶を思い出してもらうときにも活用できます。記憶力の低下が軽い人であれば、自力で思い出すことはできなくても、メモを見るとそれがヒントになって、思い出すことができる場合があります。

また、家族が同席した場合、良かれと思って助け舟を出したり、答えを誘導したりしがちです。見守りにとどめてほしいことを同席者に伝えることが大切です。こちらが質問する際、本人をまっすぐに見て話し、家族や知人の答えでなく本人の言葉に必ず相槌を打つことで、ある程度、同席者の介入を防ぐことができます。

理解を助け、本人の意向を推測するための工夫を表2-1にまとめました。

表2-1 ● 理解を助け本人の意向を推測するための工夫

難聴	・パーテーションなどで区切られた静かな席へ案内する ・補聴器がある場合は装着してもらう ・本人の正面からはっきり語りかける ・筆談する場合は、キーワードを明確に
注意	・人の出入りや他の人の話し声などが気にならず集中できる環境 ・話す前に名前を呼んで注意喚起
記憶	・一文を短く区切る。キーワードとなる言葉は一文に1〜2個 ・字や図など視覚的な補助を使うと、記憶に残りやすい。説明のときに使ったメモや図を、後日の確認のときに使うと思い出しやすい
理解	・平易で簡単な言葉、なじみのある表現で繰り返す ・説明内容のポイントをわかりやすく書いて指し示す
選択	・選択肢を二つに絞る ・「はい」「いいえ」で答えられる質問

加藤佑佳．第2章 療同意の実際：取り組みと課題、5 医療同意能力評価の実際．『認知症の人の医療選択と意思決定支援』成本迅、「認知症高齢者の医療選択をサポートするシステムの開発」プロジェクト（編著）．クリエイツかもがわ（2016）のp.155表3「本人の理解力を高めるための工夫」をもとに作成.

② 高齢者との信頼関係の築き方

1. 相手に興味・関心をもつ
2. 相手の立場に立って、話に耳を傾ける（傾聴）
3. 話し方や身振りなどを相手に合わせて、安心感を与える

コミュニケーションをとる上での基本は、相手との信頼関係を築くことです。心理学の分野でも、面接やカウンセリングを行うときに重要なことは、相手と相互に信頼関係を構築することであり、専門的な用語では「ラポール（rapport）をとる」と表現がされています。ラポールはフランス語で「橋をかける」という意味もあります。

信頼関係というと大層なことに聞こえるかもしれませんが、あなたが初対面の人と会話をするときにその人がどんな人であれば安心して話ができるかを考えてみるとよいでしょう。そして、自分が話す内容だけでなく、自分の表情や声のトーン、リズム、速さ、抑揚、姿勢、視線の向け方などの話し方に注意を向けてみましょう。

まず大切なことは、こちらから相手に興味・関心をもって接することです。この人はどんな人なのか、何を伝えようとしているのか、相手を理解したいという気持ちで

関わっていくことで、相手の緊張もほぐれ、お互い心理的な距離が近づきやすくなります。

次に、相手の立場に立って話を聴くことです。「聞く」のではなく「聴く」、「受動的に」会話の内容が耳に入ってくるのではなく「能動的に」耳を傾け相手が言わんとしていることを理解しようと傾聴する、という姿勢が欠かせません。参考までに、カウンセリングの傾聴の場で用いられる応答のバリエーションを表2-2に掲載しました。

さらに、話し方や身振り、会話のペースなどを相手に合わせることも、安心感を与えることができるでしょう。相手に合わせることは、お互いに信頼関係ができ、スムーズな会話のキャッチボールができている間柄では自然に起きていることでもあります。

実は、これらの高齢者との信頼関係の築き方の原則は、仕事関係や友人、家族同士での一般的なコミュニケーションの場にも通じるものです。

表2-2 応答のバリエーション

うなずき	「はい」「ええ」「うんうん」「なるほど」
復　唱	話のテーマとなる語、感情を伴う語を繰り返す 「〇〇なんですね」「△△をしたんですね」
共　感	事実ではなく、感情に対する理解を示す 「それは心配ですね」
受　容	否定的、攻撃的な発言をも受容する 「お金を盗られたと思うと、不安で仕方ないですね」
感情の反射	幸せ、怒り、悲しみ、恐れの気持ちを明確に返す 「それは、おつらいですね」
感情の明確化	曖昧な感情を類推する 「今後の生活に不安があるようですが…」
沈　黙	考えをまとめたり感情を整理したりするために、相手の応答を待つ
支　持	相手の感情を肯定する、支える、認める 「〇〇さんがそう思うのはもっともなことです」「私でも、そう感じると思います」

飯干紀代子（著）．『今日から実践 認知症の人とのコミュニケーション：感情と行動を理解するためのアプローチ』．中央法規出版（2011）のp.38表2-7「自由な感情を表出させる手法」をもとに作成．

■ 沈黙を恐れないで

　会話の中で沈黙が続くと、うろたえ、何か話さないといけないと焦って無理やり思いついたことを話した挙句、余計に相手が困惑して重苦しい雰囲気になってしまった経験はないでしょうか。沈黙が苦手だと、どうしても間を埋めようとしたくなるものです。

　しかし、カウンセリングの中では、むしろ沈黙は大変意味があると考え、推奨されます。焦らず、相手の気持ちをくみ取ろうとする姿勢で、沈黙の意味について考え、相手の反応を待つことが欠かせません。相手が沈黙してしまう理由はいくつか考えられます。例えば、①会話に対して否定的、拒否的になっているとき、②話すのをためらっているとき、③なんと答えようか考えをまとめているときなどです。特に高齢になるほど、出来事を思い出したり、考えをまとめたりするのに時間がかかることから、焦らず、次の言葉が出てくるまでじっくり待つよう心がけましょう。

③　意思決定能力とは

　意思決定能力を考える上で、治療同意に関わる意思決定、すなわち医療同意能力の考え方が参考になります。

　医療同意能力は、図2-2に示すとおり、①理解、②認識、③論理的思考、④選択の表明の４つからなると考えられています（Grisso,et al. 1998）。医療同意能力が保たれていると考えるには、これら４つの要素が保たれていることが必要であり、一つでも欠けると医療同意能力は不十分といえます。

　金融商品の売買などの経済活動における意思決定能力の場合にも、この考え方を反映させることができます。特に、リスク性商品の売買を行う場合には、これらの要素を意識して確認することが望ましいでしょう（⇒p.88「①リスク性商品の売買を行う場合」参照）。

---

❶理解：金融商品や取引の特徴、メリットやデメリットに関する情報をどの程度理解しているかです。本人がどの程度理解しているかを捉えるためには、まず情報を本人にしっかり伝えた上で、本人の言葉で説明してもらう必要があります。

❷認識：伝えられた情報について自分自身のこととしてわかっているかです。"理解"が説明されたことを頭で理解しているかを捉えるのに対し、"認識"は説明された内容を自分の状況としてわかっているかが問われます。理解で行なった質問に続いて、自然な流れで認識を確認することができます。

❸**論理的思考**：理解と認識のプロセスを経た上で、関係する様々な情報をもとに論理的に考えて複数の選択肢を比較検討し、どうするかを判断するプロセスです。契約する、契約しない、あるいはまた別の契約を行う場合であっても、本人がどうしてその選択をしたのか根拠を確認することが重要です。

❹**選択の表明**：最終的にどうしたいか、選択が揺れずに自分の意思を伝えられるかを確認します。ここまで色々と話し合ってきたことを、改めて確認する場面でもあります。言語障害があり、言葉が出にくい人でも書面に書いてもらったり、質問へのうなずきや指さしなどの手段を工夫することで意思を確認することができます。本人の状態に配慮して表明しやすい方法を考える必要があります。

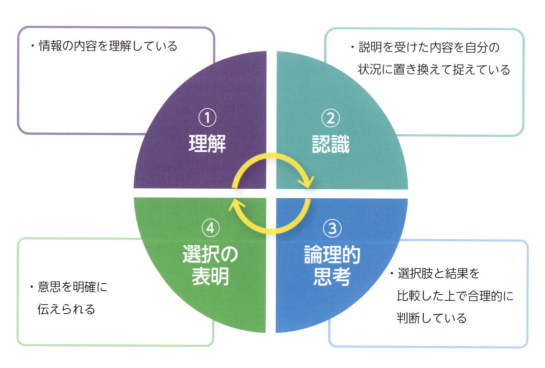

図2-2●意思決定能力の4つの要素

4 金融機関における認知症気づきのポイント

① 記憶障害による金融取引における兆候
- 暗証番号を忘れる
- 出金の伝票に日付けが書けなくなる
- 書類が届いたことを忘れたり、なくしたりする

② 実行機能障害による金融取引における兆候
- ATMの操作ができなくなる
- 出金の伝票のどこに何を書けばいいかがわからなくなる
- 必要な書類を作成して返送することができなくなる

➡ 認知症のはじめに出てくる症状として、日付けを繰り返し聞いたり、同じ話や質問を繰り返したりするなどのもの忘れ（記憶障害）と、今までできていた複雑なことができなくなる（実行機能障害）といった症状があります。これらの変化に自分で気づいていない場合、認知症の可能性が高いです。

➡ もともとATMの利用はどうしていたのか、以前からの変化を知ることも重要です。以前は一人でATMを利用できていたのであれば、認知機能の低下で複雑な操作ができなくなっている可能性が高いです。上記①②の兆候があると、おそらく日付けが書けなくなっていた数年前から認知症が発症していた可能性があり、現在は見当識障害や記憶障害が主体の認知症初期のレベルだと考えられます。

➡ 認知症初期は、悪徳商法などの被害を最も受けやすいので、早期に介入することが重要です。金融機関での気づきをいち早く家族や関係者と共有し、できるだけ早く医療機関につなげることで、そういった被害の防止、ひいては今後の介護体制を整えるなどの対策を立てやすくなります。

⑤ 金融機関と公的支援窓口との連携

ある銀行では、そのエリアの地域包括支援センターへ挨拶に行き、行内で認知症のおそれのある高齢者の対応で困ったときは、すぐにそのセンターへ連絡しています。センターのスタッフに駆けつけてもらい、対応をしてもらっているとのことです。またその後、その高齢者がどうなったのかという報告も銀行へ提供されるようです。

他にも、上記センターが開催する「地域ケア会議」に行政や地域の方だけでなく銀行の職員が参加し、地域の困りごとを共有、協議するなど、地域包括支援センターを貴重な社会資源として活用しています。

実際に、地域に根ざした金融機関として、そのエリアの地域包括支援センターなどに、「いま、このような方が窓口に来られて困っています。他にもお金を出された後、それを忘れておられるのか、窓口の行員に疑いをかける方もおられます。どうしたらよいでしょう」などと相談を寄せ、より良い解決方法を探り、ともに地域の方々を支援するというスタンスが、顧客対応の改善だけでなく、地域の方々とより高い信頼関係を築くことにつながると考えます。
（⇒ p.33「地域包括支援センターや専門職との連携について」参照）

このような取り組みは、個人情報の保護の壁を考慮しながらも、最善の顧客対応をし、地域を愛し地域からも愛される金融機関のあり方を反映しているのではないでしょうか。

またこのようなことが、認知症高齢者対応を行う銀行の窓口の方や、接遇をされる行員の方々の負担軽減や、効率的な業務につながることは言うまでもないでしょう。

最初のうちは、障害が立ちふさがり、時間も人も場所も、連携がスムーズにいかないこともあるかもしれません。しかし、その障害を一つひとつ乗り越え、上記のような連携が実現したときは、その乗り越えた障害の何倍もの実り、例えば、顧客対応の充実、費用対効果の向上、さらなる地域からの信頼、業績アップ、職員の意欲向上などが、実績としてあがってくるようになります。

様々な専門職が役割分担をし、地域の方々をしっかり支えていくには、自分たちの限界を知り、必要な分野の専門職に託し、手をつないでいくことが不可欠ではないでしょうか。これが本来のプロとしてのあるべき姿であり、遠回りのようでありながら、結局、近道なのではないでしょうか。

| 資 料 | 様々な機関と積極的に連携をしていきましょう |

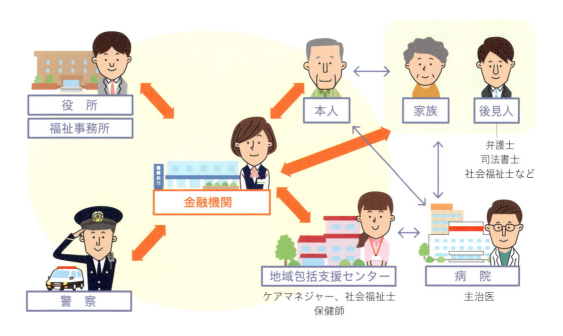

地域包括支援センターってこんなところ

　地域包括支援センターは市町村等の各自治体が設置主体となります（介護保険法115条の46第2項）。

　各地域のセンターには、保健師、社会福祉士、主任ケアマネジャー、ケアマネジャーが配置されていて、チームアプローチにより、地域に暮らす人たちの健康の保持や生活の安定、介護予防のために必要な援助を行う役割を担っています。主な業務は、介護予防支援および包括的支援事業（①介護予防ケアマネジメント業務、②総合相談支援業務、③権利擁護業務、④包括的・継続的ケアマネジメント支援業務）です。

●地域包括支援センターが担っている業務
①介護予防ケアマネジメント（介護保険法115条の45第1項1号）

　二次予防事業対象者（旧特定高齢者）に対する介護予防ケアプランの作成などを行います。

②総合相談支援（同条第2項1号）

　住民の各種相談を幅広く受け付けて、制度横断的な支援を実施します。

③権利擁護業務（同条第2項2号）

　成年後見制度の活用促進、高齢者虐待への対応などを行います。

④包括的・継続的ケアマネジメント（同条第2項3号）

　「地域ケア会議」などを通じた自立支援型ケアマネジメントの支援や、ケアマネジャーへの日常的個別指導・相談、支援困難事例等への指導・助言を行います。

●地域包括支援センターを利用する
メリットとは

　介護が必要になった高齢者の方にとって、介護に関する相談についてワンストップで対応してもらうことができます。地域包括支援センターでは、保健師、社会福祉士、主任ケアマネジャー、ケアマネジャーのそれぞれが専門性を発揮し、チームで解決することを前提とした体制づくりがなされています。だからこそ、それぞれの専門分野を活かした適切な助言やサポートを受けることが可能です。

　また、地域における高齢者虐待や権利擁護の相談・通報なども地域包括支援センターが受けることで役割が明確になり、弁護士や警察とも連携することによって、虐待に対する防止や早期の対応も可能になります。

　介護サービスを利用する際には、まず最初に足を運ぶ場にもなります。ぜひ積極的に活用し、地域で連携して、高齢者の方々が安心して生活ができるようにしたいものです。

コラム

金融機関の困りごと第1位は「何度説明しても理解してくれない」

ある金融機関の窓口の困りごと上位は以下のとおりです。（複数回答）

第1位　尋ねられたことを何度説明しても理解してくれない（92.4%）
第2位　通帳紛失（88.1%）
第3位　預金を盗られた（87.7%）
第4位　説明している最中に突然怒り出すなど感情が不安定（84.3%）

　順位は違うかもしれませんが、あなたの金融機関でも、似たような困りごとはありませんか。

　第1位の「尋ねられたことを何度説明しても理解してくれない」の対応は、『今すぐ活かせる！ ケース・スタディ1』（⇒p.30）や『金融機関の困りごと：対面編』のケース2『何度もかけてくる電話への対応』（⇒p.63）が参考になります。また、第4位の「説明している最中に突然怒り出すなど感情が不安定」への対応は、『金融機関の困りごと：対面編』のケース3『預金を盗られたという訴えの対応』（⇒p.66）が参考になります。

Practical Guide for Dementia friendly Financial services 3

今すぐ活かせる！ケース・スタディ

3-1 今すぐ活かせる！ケース・スタディ 1
「通帳・印鑑を繰り返しなくす」

　ご近所にお住まいの80代のAさん。10年前に長年連れ添ったご主人を亡くし、現在は一人暮らしです。年金の引き出しや光熱費の支払いのために定期的に来店されます。キャッシュカードは使わず、いつも通帳と印鑑を持参して、窓口で手続きをしています。
　数年前から、伝票の日付けや口座番号の記入を間違えるなどがみられたものの、そのつど、行員が丁寧に説明して対応することで特に大きな支障はありませんでした。しかし、最近になって、説明をしていても話の中で同じ質問を繰り返すことが増えてきました。

Aさん：〈不安げな面持ちで来店〉「すみません。通帳がないんです。作ってもらえますか」
X行員：（これでもう5回目の紛失になるな…）「それは大変ですね。Aさん、実はこれで5回目の再発行になりますが、もう一度ご自宅をお探しになりますか」
Aさん：「そんなことはありません。なくしたのは初めてです。作ってください。…もしかして誰かに盗られたのかしら」
X行員：「もう少し詳しくお話を聞かせていただけますか」
Aさん：「えっと…。どうだったかしら、うーん、…」〈あやふやな返事〉

　結局この日は通帳を再発行せずに、Aさんは一旦帰宅されました。
　X行員はこの一件を上司に報告、相談し、上司は本部へ報告しました。すると、同じような事例が他の支店からも報告されていることを知りました。
　本部からは「まずは、①本人の気持ちを大切にし、

気づきのポイント

- ATMの操作が苦手になっている
- 日付けを間違える、見当識障害がみられる

- 以前の紛失は覚えていない
- 自分の記憶にないことは他人のせいにする

- 質問に対して明確な返答はできない

金融機関

- X行員が対応
- 紛失が5回目であることを伝える。加えて、自宅内を探すことを提案

- 状況の詳細を尋ねる

- X行員は上司へ報告、相談
- 上司は本部へ報告

お話を丁寧に聞き、信頼関係を築くこと、さらに、②家族へ連絡することの同意を得て報告をすること、加えて、もし、本人や家族から相談窓口を聞かれたら、資料などを渡してはどうか」と助言を受けました。X行員は、これまでの自分の対応を思い返し、今度Aさんが来られたら、もっとAさんの気持ちに寄り添った対応をしてみようと思いました。

気づきのポイント

金融機関

【事例その後】
　今回の一件をふまえ、Aさんの次回来店に備え、事前に支店内で情報の共有を図り、対応方針を決定しました。例えば、①可能なら次回の応対も再度X行員が行うこと（同じ人が対応するほうが安心感が高まる）、②繁忙時間帯の来店でX行員が対応できない場合に備え、誰が接客してもよいように顧客情報端末に「認知症の疑いがあるので対応は注意を要する」などを記載しておくこと、③上司の同席を条件と指定しておくことなどです。

　数日経って、再度Aさんが来店しました。どうやら再度通帳と印鑑をなくしたようです。

Aさん：「通帳と印鑑をなくしてしまいました。再発行をしてください。最近、わからないことが多くて…どうしたらいいか…」〈不安げな表情〉
X行員：「色々と大変ですね、ゆっくり聞かせていただけますか。よろしければ、あちらのほうが静かなので、どうぞお越しください」〈落ち着いた明るい接客スペースへ案内し、状況の確認をする〉
〈上司も同席〉
Aさん：「まあ、ありがとう。ご親切に」
X行員：「Aさん、色々と大変なことがありますよね、私どももできることをお手伝いいたします。誰でも困ったときはお互いさまです。私どもは、以前から

Aさんの状況

- 次の来店に備える
- 不安な気持ちに寄り添う

- 安心して話せる場所へ移動
- 信頼を築く
- 困りごとを一般化し、自分だけではなかったという安心感を作る
- 複数で確認、状況把握や意思確認の客観性を高める

- 静かで話しやすい雰囲気に安堵
- 困っていることを少しずつ話し出す

31　3 今すぐ活かせる！ケース・スタディ

	Aさんの状況	金融機関
大変Aさんにお世話になっていますので、一度、ご家族にご挨拶させていただいてよろしいですか」 **Aさん**:「こちらのほうがお世話になっています。息子に連絡してもいいですよ」〈本人の了承を得る〉 **X行員**:〈上司に報告し、Aさんの前でご子息へ連絡〉「こちらC銀行のXでございます。いつもお母様のA様には大変お世話になっています。今日はご挨拶と、少しご報告もさせていただきたく、ご連絡いたしました。目の前にお母様もいらっしゃいます。実は、通帳と印鑑を5回ほど紛失しておられ、再発行をしています」	●家族への連絡に同意	●本人同意を得て、ご家族へ連絡、状況を報告
ご子息:「それは、いつもすみません。ありがとうございます。もの忘れが心配になっていました。何かあれば連絡をください」		●今後の連携も依頼、了解を得る
X行員:「ありがうございます。そうさせていただきます。もしよろしければご高齢の方の公的な相談窓口をご紹介いたしますがいかがでしょう」 **ご子息**:「それは助かります。よろしくお願いします」	●地域包括支援センターの紹介を受ける	●高齢者の相談窓口を紹介。支援のきっかけづくりができる

金融機関の対応方法のポイント

▨ 初期の対応

> **Aさん**:自分の思っていることや困りごとを、家族や金融機関に話すことができる。
>
> **金融機関**:Aさんが安心して話すことができるように環境を整える。

- まずは、環境調整(静かな場所、圧迫感のない位置に座る、適度な照明、顔なじみのスタッフ、Aさんに合わせたゆっくりした言葉かけ、温かいお茶、笑顔など)を行います。
- 話しやすい雰囲気をつくり、Aさんの信頼感を得て、安心して困っていることを吐露できる場だと認めてもらい、まずは家族や支援者への情報提供の了解をとります。
- Aさんの言動や行動、例えば「通帳や印鑑を繰り返してなくすことがあり、それはいつはじまり、その間隔はどうなっていっているか、徐々にその間隔が短くなっているか。不安感、焦燥感はあるか、大声を出し、暴れる状態、緊急に対応する必要があるか。ど

のような声かけで落ち着かれるか、もしくはその逆になるか、状態に波があるか」など
を金融機関にて記録し、必要な情報提供の場面に備えます。
・Ａさんの金銭面の困りごとを金融機関で気づき、必要に応じて、家族や支援者に伝える
ための行動を目指します。

中期・長期対応：地域、関連部門との連携

Ａさん：家族と金融機関、支援者が連携し、生活に必要な医療、福祉・介護、財産管
理のサービスを受け、適切な経済活動ができる。
金融機関：家族や支援者へ連絡をし、状況を報告する。上記の管理、活動を支え、さ
らに支援、医療へつなげる。

・Ａさんの対応を金融機関内で統一し、誰が対応しても家族や支援者と必要な連携、報告
ができるようにします。
・金融機関の役割を見据え、金融機関だけで抱えず、家族や支援者へつなぎます。家族や
支援者へ適切につなぐことが、本人の支援になるとともに金融機関の負担軽減（対応時間、
回数など）にもつながり、お互いにとってWin-Winの結果になります。

地域包括支援センターや専門職との連携について

　金融機関の中には、各支店の地元の地域包括支援センターに出向き、積極的に福祉関係
者と連携をとっているところがあります。常日頃から連携をとっていると、判断能力が不
十分な顧客への対応だけでなく、店舗内で介助が必要となる方への福祉的対応についても
意識が提起されることになり、顧客サービスの向上につながります。
　また、高齢者・障害者問題に詳しい弁護士や司法書士などの法律専門職や社会福祉の専
門職である社会福祉士などと連携し、顧客サービスとして、信頼できる法律家を紹介したり、
顧客対応の研修をしたりしている金融機関もあります。

地域包括支援センターでの生活支援の対応について

　上記の例では、一人暮らしのＡさんにとって必要なことは、まずは生活実態の把握です。
　どんなときにどのように、そしてどのくらい困りごとがあり、どのような支援が必要な
のか、本人の希望も聞きながら一緒に考え、Ａさんにとって必要な支援を届けていくこと
になります。
　地域包括支援センターに連絡をとると、センターの職員がＡさん宅を訪ね、生活環境を
確認します。家族や近所の方、地域包括支援センターの相談員が家族と連携して中心的な

見守り役となることもありますし、地域包括支援センターが本人を支援して介護保険の申請を行い、介護保険サービスの利用につなげることもあります。また、介護保険が非該当や要支援の場合でも、「介護予防・日常生活支援総合事業」の対象者として地域支援事業などを利用することもあり、状況に合わせて、本人の生活支援につなげるように心がけています。

さらに、金銭管理については、社会福祉協議会による日常生活自立支援事業など、介護・福祉契約の利用援助や通帳や証書の預かり、生活資金のお届けといった有償の契約、そして、家庭裁判所が関与する成年後見制度での法定代理人等の選任など、いくつかの制度の利用が考えられます。(⇒p.38資料「日常生活自立支援事業と成年後見制度（表3-1)」参照)

各市町村に設置されている「福祉事務所」や「地域包括支援センター」は、こうした情報提供の窓口としての役割も果たしています。

金融機関では、Ａさん本人やＡさんの家族と相談を行い、Ａさんが安心して地域で過ごせるように、これらの制度利用の情報窓口を紹介をすることが、より良い顧客対応となるのではないでしょうか。

▧ 今後のありたい姿

Ａさん：支援を受けながら、なじみの金融機関を安心して利用できる。そして、生活に必要な医療、サービスを受け、趣味や嗜好を楽しむ暮らしを維持できる。

金融機関：Ａさんの財産管理、経済活動が適切に行えるように見守り、何か気になることがあったり、普段と違うような金銭の動きや怪しい人が出入りしたりするときなどは家族や支援者と連携する。

家族：Ａさんの理解力や判断力が低下し、一人で財産管理ができなくなったときは、Ａさんの生活や資産が守られ安心して暮らせるよう、必要に応じて日常生活自立支援事業や成年後見制度の利用を勧めるなど、本人にとって最善の支援を考える。

各担当者が連携し、最適なタイミングで、自らの役割を全うしましょう。

医師からのアドバイス

　繰り返される通帳の再発行というケースに代表されるように、認知症の人は記憶障害のために何度も手続きを繰り返す場合があります。本人のためを思って、そのことを指摘すると、本人のプライドを傷つけてしまいます。感情のコントロールがうまくできなくなっている場合もあり、怒り出してしまう人もいます。自分のもの忘れに気がついていない場合でも、大事な金銭の管理がうまくできないことで不安になっていることも多いため、まずはその不安を和らげる対応が必要です。本人は毎回初めてのつもりで来ていることを理解して対応しましょう。

　さらに、アルツハイマー型認知症の人によくみられる反応として、説明された内容をよく理解していないにもかかわらず、自分が理解できないことを相手に悟られないように「はい」と返事をしてしまうことがあります。契約の適正性から考えると、本人がどこまで内容を理解しているかを確認する必要があります。認知症の人でも、簡単な内容であればわかりやすく説明することで十分理解できる内容もありますので、説明の仕方を最大限工夫することが重要です。（⇒p.18「①高齢者とのコミュニケーションのとり方」参照）

　また、認知症だからといって、金融取引が一切行えなくなるというわけではありません。たとえ認知症が進行していても単純でリスクの低い金融取引であれば問題なく行えることがあります。金融取引の意思決定能力が保たれているかどうかを判断するには、説明の複雑さやリスクの程度、本人のこれまでの取引経験など複数の要因から考える必要があります。これらを天秤にかけて検討することの難しさはありますが、本人がどの程度、取引内容（メリット、デメリット含め）を理解しているか、どうして選択したか、選択した理由などを説明できることが、一つの目安になります。（⇒p.23「③意思決定能力とは」、p.88「①リスク性商品の売買を行う場合」参照）

　ただし、認知症が中等度以上に進行している場合、本人の意思を聞き取ることに加えて、家族や第三者にもその方の意思を確認してもらうことが必要になります。

福祉・介護職からのアドバイス

　初期の対応の際に、事態が生命・身体・財産に関わる緊急時は個人情報保護の例外規定にあたるため、組織的に必要な機関（地域包括支援センターや福祉事務所など）や家族へ連絡をしましょう。

　特に、経済的虐待や振り込め詐欺などが疑われる場合は、迅速な対応が必要です。（⇒p.41「今すぐ活かせる！ケース・スタディ2」、p.51「今すぐ活かせる！ケース・スタディ3」参照）

　また、物盗られ妄想が出ている場合（⇒p.66「金融機関の困りごと〔対面編〕：ケース3」参照）は、家族や金融機関のスタッフが妄想の対象になることもあります。その場合、一緒に探して見つけると、「今まで隠していて、このタイミングで出した。発見を装った」と思われることがあるため、注意が必要です。例えば、応接室でかばんの奥に通帳が見えた場合、行員が教えるのではなく、本人にかばんの中を探してもらうよう声かけをして、本人に見つけてもらうように留意しましょう。

　金融機関のみなさんは、認知症高齢者の方々とは、以前のお元気な頃からのお付き合いのため、「○○さんは、昔はこのようなことはなかった、何かおかしい」と健常な頃との違いをいち早く気づく立場におられます。

　金融機関のみなさんから、上記のような貴重な情報を、家族や地域包括支援センター、福祉事務所などへお知らせいただき、支援のキックオフの役割を担っていただくことが望まれています。

法律家からのアドバイス

　Aさんのように本人の判断能力が相当程度低下し、本人の財産の保護のために必要があると思われる場合には、X行員のように本人の同意を得て家族に連絡する対応が考えられます。

　もし、家族に連絡することがためらわれる場合には、本人の同意を得て公的な相談窓口である地域包括支援センターに連絡し、名前・性別・住所・年代・本人の様子などを説明するのもよいでしょう。

　この連絡には、Aさんの個人情報の第三者への提供という意味がありますので、個人情報保護法や金融分野における個人情報保護に関するガイドラインにしたがって、できる限りAさんに個人情報の提供について説明した上で、Aさんの同意を得ておきましょう。

　もっとも、今回のAさんのように通帳を何度も紛失される高齢者の多くは個人情報の意味を十分に理解できないと思われます。行員が本人の同意を得たと判断してよいか悩むなど、本人から同意を得ることが困難といえる場合が多いでしょう。その場

合には、個人情報保護法や上記ガイドラインの厳密な形式でなくても、Ａさんの了承を得て、その了承の事実を記録した上で、家族や地域包括支援センターに連絡することが望ましいでしょう。

また、Ａさんのように本人の判断能力が相当程度低下したと思われるような場合は、①社会福祉協議会が行う日常生活自立支援事業（各種支払い手続き等の日常生活で困っていることのお手伝いをするサービス）や、②成年後見の制度を利用することも対応の一つとなります。公的な相談窓口である地域包括支援センターを家族に紹介したり、同センターに連絡することで、本人や家族にこれらの制度を検討する機会をもってもらうことが重要です。

● **認知症の人の金融取引**

本人が認知症になったら金融取引は一切できなくなると思う人がいるかもしれませんが、そのように判断するのは早計です。実際には、認知症になっても一人暮らしを続け、金融取引をしている人も多いのです。

では、認知症の人の預貯金の払出しは、法的にどのように考えたらよいのでしょうか。

例えば、認知症になり成年後見制度を利用している人の中でも、自分の財産を管理・処分するには援助が必要な場合があるとされる「補助類型」の人は、本人にとって必要な法律行為には補助人の同意権・取消権・代理権がつけられ、援助を受けることになります。他方で、その他の法律行為は、本人が単独でできます。

また、自分の財産を管理・処分することができないとされる「後見類型」の人であっても、日常生活に関する行為については、成年後見人により取り消すことができないとされています。この日常生活に関する行為の典型例としては、食料品・衣料品・雑貨などの日用品の購入のほか、水道光熱費の支払い、そして、それらの経費の支払いに必要な範囲での預貯金の払出しなどが挙げられています。この預貯金の払出しの金額をどのように考えるべきかは、本人の生活状況などによって異なります。本人の保護、自己決定の尊重と取引の安全の観点にも配慮して判断することが必要になります。

このように、本人が認知症になっても、さらには認知症の進行により成年後見制度を利用して本人に法定代理人が就任している場合であっても、本人に対してはその自己決定を尊重した対応が必要になります。

| 資料 | 日常生活自立支援事業と成年後見制度 (表3-1) |

● 日常生活自立支援事業

「日常生活自立支援事業」は、認知症高齢者、知的障害者、精神障害者などのうち判断能力が不十分な方が地域において自立した生活が送れるよう、社会福祉協議会が本人との契約に基づき、福祉サービスの利用援助、居住家屋の賃貸借、日常生活上の消費契約、そして住民票の届出等の行政手続きに関する援助などを行うものです。社会福祉協議会との契約が前提になりますので、契約内容が理解できなくなれば、成年後見制度の利用に切り替わることになります。

● 成年後見制度

認知症、知的障害、精神障害などの理由で判断能力が不十分な場合に、不動産や預貯金などの財産管理や介護サービス、施設入所に関する契約の締結、遺産分割の協議をしたりする必要があっても、自分でこれらのことをするのが難しい場合があります。また、自分に不利益な契約であってもよく判断ができずに契約を結んでしまい、悪徳商法の被害にあうおそれもあります。このような判断能力の不十分な方々を保護し、支援するのが成年後見制度です。

この制度には、法定後見と任意後見の二つの制度があります。

後見制度は、「成年後見」、「保佐」、「補助」の3つに分かれており、判断能力の程度など本人の事情に応じて利用できる制度が分かれます。成年後見の場合は、後見人が本人の代理人となって、本人の保護・支援をすることになりますが、保佐や補助の場合には、基本的には、本人がしようとする法律行為に対して、保佐人や補助人が同意をする権限を有し、同意のない法律行為において、本人の保護が必要な場合には、その法律行為を取り消す権限をもつことになります。

任意後見制度は、本人が十分な判断能力があるうちに、将来、判断能力が不十分な状態になった場合に備えて、あらかじめ自らが選んだ代理人（任意後見人）に、自分の生活、療養看護や財産管理に関する事務について代理権を与える契約（任意後見契約）を公証人の作成する公正証書で結んでおくというものです。そして、本人の判断能力が低下した後に、任意後見人が、任意後見契約で決めた事務について、家庭裁判所が選任する「任意後見監督人」の監督のもと本人を代理して契約などをすることによって、本人の意思にしたがった適切な保護・支援をすることが可能になるというものです。

表3-1●日常生活自立支援事業と成年後見制度との比較

	日常生活自立支援事業	成年後見制度
概　要	● 日常的な生活援助の範囲内での支援をする	● 財産管理や身上監護に関する法律行為を成年後見人などが代理し、あるいは本人の行為に同意することにより、本人の意思の尊重と本人保護のバランスをとる
所 管 庁	● 厚生労働省	● 法務省
利 用 者	● 日常生活に不安のある人	● 判断能力が低下した人
相談窓口	● 社会福祉協議会・地域包括支援センターなど	● 弁護士・司法書士・社会福祉士　家庭裁判所、地域包括支援センター　など
申し込み発　効	● 本人が社会福祉協議会と契約	● 本人や家族などが家庭裁判所へ申立て ・任意後見契約は、公正証書により契約をし、判断能力低下後に家庭裁判所で監督人の選任により発効
支援内容	● 相談事業 ・生活相談・法律相談 ● 福祉サービスの利用援助 ● 財産保全サービス ・通帳や証書などの保管 ● 金銭管理サービス ・預貯金の入出金 ・公共料金・福祉サービス利用料などの支払い	● 代理権、同意権、取消権 ・財産に関する法律行為（日常的な法律行為は本人で対応できる） ・保佐・補助の代理権の付与は、原則、本人の同意が必要 　・施設への入退所契約、治療・入院契約 　・不動産や重要な財産の売却など 　・遺産分割協議 ・消費者被害の取消
担 い 手	● 社会福祉協議会 （生活支援員、自立生活支援専門員）	● 家庭裁判所が選任した成年後見人、保佐人、補助人 ● 任意後見契約による任意後見人 ● 実際の担い手としては、家族、弁護士・司法書士・社会福祉士等の専門職、社会福祉協議会等の法人、市民 など
費 用	● １時間1,000円、以降30分ごと500円・生活保護世帯は無料・通帳など預かりは、250円／月程度 ※上記は目安です。各自治体により金額は異なります。 ● 生活保護受給世帯へ派遣する場合の生活支援員の賃金は、国庫補助対象経費	● 報酬は、後見人等の申立てにより家庭裁判所が決定 ● 任意後見の場合は、契約で決める ● 後見事務に関する費用（実費）、成年後見人、監督人に対する報酬は、すべて本人の財産から支出 ● 生活困窮者について、成年後見制度利用支援事業による助成あり
監督機関	● 都道府県社会福祉協議会 ● 運営適正化委員会	● 家庭裁判所 ● 後見監督人、任意後見監督人
そ の 他	● 預かり金は50万円くらいまで ※上記は目安です。各自治体により金額は異なります。	● 後見・保佐の場合、会社役員、公務員、医師、弁護士などの資格を失う ● 補助・任意後見の場合は、権利制限、資格制限はない

コラム 「－5」の苦悩

　成年後見人に就任して、本人の通帳を確認するとき、通帳の口座番号の末尾に「－3」と記載されていることがあります。

　ご承知のように、通帳の再発行を繰り返している証ですが、中には「－5」と記載されているものもあります。

　そんな数字を見ると、なぜ何度も再発行を繰り返していたのだろうか、再発行の手続きをした預金の担当者も本人の様子に気づいていただろうに、行政の福祉部門との連携はとれなかったのだろうかと、少し残念な思いになります。

　もう少し早く連携がとれていれば、本人に直接話を聞いて、本人の意向を取り入れた生活支援ができたかもしれません。しかし、今となっては本人の思いを聞き取ることができずにいます。

　後見人も、本人と話ができることを楽しみにしています。金融機関のみなさんも、早めの対応、連携をよろしくお願いします。

3-2 今すぐ活かせる！ケース・スタディ 2 「経済的虐待」

	気づきのポイント	金融機関
Bさん（80代）は、年金と生活保護費をもらい一人暮らしをしています。Bさんの一人娘Cさん（40代）は隣の市で夫と子どもの4人暮らしです。Bさんは、年相応のもの忘れと、足腰の痛みがあり、介護保険で要支援2の認定を受けています。 いつも年金や生活保護費の支給日になると、おぼつかない歩き方のBさんと、それを介助するようにCさんが付き添い、口座からお金を引き出していきます。	●一人で来店困難	
Y行員が注意深く様子を見ていると、最近のBさんの様子がおかしいことに気づきました。表情が硬く、以前よりもやせたようです。お風呂にも入っていないのか頭髪の乱れや体臭も少し気になります。Y行員は思い切ってBさんに尋ねました。	●表情・体型・身なりに異変あり	●Y行員が普段との違いに気づく ●声をかけて状況を確認
Y行員：「B様、こんにちは。何かお手伝いできることはありますか？」 Bさん：「ありがとう。大丈夫です…」 Y行員：「そうですか。少しお疲れのように見えたので、よろしければ、少しお休みになりますか？」〈ソファを指さす〉 Cさん：〈話をさえぎるように〉「いえ、結構です。急いでいるので、もう帰らないと」	●Bさん一応の返答可能 ●本心かどうかは不明 ●娘が代弁 ●Bさんとの接触を阻止しているのか	●異変を「お疲れのように見えた」と伝え、言葉に配慮 ●休憩を促す ●関わりを避けられたのか
CさんはBさんを急き立てるようにして銀行を出ていきました。 Y行員はすぐさま上司に相談し、通帳の取引経過を確認しました。すると以前は引き落とせていた家賃、光熱費、電話代、介護保険の利用料などが残高不足で支払えていないようです。経済的虐待の可能性が考えられることから、上司は本部へ相談しました。これは経済的虐待の可能性が高いこと、かつ、	●ライフライン中断	●異変を感じ上司に報告、相談 ●取引経過などから事実を確認 ●本部へ報告 ●経済的虐待の恐れで地域包括支援センターへ通報を指示され連絡

緊急性を要する状況と考えられることから、上司と本部が相談した上で、早急に住まいのエリアの地域包括支援センターに連絡をすることになりました。

気づきのポイント
- 事情確認

金融機関
- 高齢者虐待防止法によると個人情報保護法の例外規定にあたる

【その後】

　地域包括支援センターでは、銀行から、Bさんが経済的虐待を受けている可能性ありとの報告を受けました。地域包括支援センターのR担当者がBさん宅に電話をしたところ、電話が止められていることがわかりました。そこで、担当者は急いでBさん宅を訪問し、状況を確認しました。すると、Bさんから「お金がないから電話代を払えないの」との返答がありました。理由を尋ねると、「娘の家が夫婦ともに病気で働けなくなり、お金に困っているから。暖房代も払えない。孫がかわいそう。自分は大丈夫だからお金を渡している」と話してくれました。笑顔はなく疲れきった表情です。

　R担当者が、Bさんの了解を得て部屋に入り、冷蔵庫を確認すると、食べ物はありません。冬なのに暖房もつけず室内は冷え切っています。「そもそも生活保護のお金は、Bさんの生活を守る最低限の金額として支給されています。このままなら体を壊します。Cさんの家族が困っているなら、Cさん自身が住んでいる市の福祉相談窓口へ相談してはどうでしょうか。BさんとCさんの家族双方が安心して暮らせる方法を行政に相談して一緒に考えましょう」とR担当者は提案しました。

- 食事も不足、暖房も使えないなどの状況確認
- 最低生活が保障されていないことが判明

　するとBさんは、「本当は困っていたんです。でも孫や娘の顔を見るとかわいそうで…。これ以上、誰にも迷惑をかけたくなかったのです」と小さく震えた声で話してくれました。

- 心情の吐露
- 助けを求める声の発信あり

　R担当者が地域包括支援センターに戻り状況を協議した結果、経済的虐待、放棄・放任として福祉事務所の高齢支援課へ虐待通報するとともに、事実確

- 地域包括支援センターより行政へ高齢者虐待の通報

おそれいります
切手をお貼り
ください

京都市南区吉祥院
石原上川原町21

株式会社
クリエイツかもがわ
行

〒□□□-□□□□		
TEL　　　　　E-mail※		
(フリガナ) 氏　名		年齢 　　　　歳代
職　業		
メルマガ購読　□ する　　□ しない		※E-mailを ご記入ください

●ご記入いただいた個人情報は、小社が書籍情報・関連イベントの案内を送付するために
使用し、責任をもって管理します。

愛読者カード

ご購読ありがとうございました。今後の出版企画の参考にさせていただきますので、お手数ですが、ご記入のうえ、ご投函くださいますようお願い申しあげます。

本のタイトル	本の入手先

この本を、どこでお知りになりましたか。
- ☐ 新聞・雑誌広告（掲載紙誌　　　　　　　　　　　　）
- ☐ 書店で見て
- ☐ 人にすすめられて
- ☐ その他（　　　　　　　　　　　　　　　　　　　　）

ご感想・取り上げてほしいテーマなどご自由にお書きください。

追加書籍注文書

書名		冊数	
		冊数	
		冊数	

● 表面の 氏名、住所、電話番号を明記 して、ご注文ください。振込用紙同封にて本を送付いたします。代金は、本の到着後、お近くのゆうちょ銀行からお支払いください。
※愛読者カードからのご注文は送料(240円)無料でお送りします。
http://www.creates-k.co.jp/　HPの書籍案内・注文フォームもご利用ください。

認を行いました。すると、毎月の生活保護費が振り込まれると、ＣさんがＢさんの銀行口座から預金を全額引き出し、Ｂさんは生活が困窮していることがわかりました。市の高齢支援課と地域包括支援センターが虐待判定会議を行い、客観的な事実を確認しました。状況を総合的に判断したところ、このケースは、Ｂさんにとって日常生活に必要な金銭を渡さない、使わせないこと、そして高齢者の生活環境や高齢者自身の身体、精神状態を悪化させていることから、経済的虐待と介護の世話の放棄・放任として認定されました。同時に、虐待をやめさせ予防する支援と、Ｃさんへの経済的な支援の検討が開始されました。

気づきのポイント
- 客観的事実から経済的虐待と放棄・放任との判定あり
- 行政責任の支援となる

金融機関
- 行員の気づきがＢさんへの支援につながった

金融機関の対応方法のポイント

▨ 初期の対応

Ｂさん：自分の思いや困っていることを、娘に遠慮せず、他者（行員）へ伝えることができるようになる。

金融機関：Ｂさんの普段との違いに気づく。見逃さない。もしかしたらＢさんは自分のお金を自らの暮らしに使えず、困っているかもしれないと予想する。そしてその状況を直ちに上司に報告し、本部の了解の上、速やかに対応する。また金融機関は、こうした事態の重要性にかんがみ、本部主導で公的機関が介入するプロセスを定めておくことが望ましい。

▨ 中期・長期対応：地域、関連部門との連携

Ｂさん：今までの暮らしを振り返る。このままではつらい。助けを求めて、正直に事情を話し、親子ともに色々な人の力を借りて健全な家計を考えなくてはと気づく。高齢者虐待防止は、家族等養護者を支援する法律でもある。

金融機関：事実を可能な範囲で確認し、情報を公的機関へ伝える。客観的に事情を捉え、「昔、Ｃさんは良い人だった」とか「Ｂさんが嫌がるから」など、感情に流され、本来伝えるべき事情を控えてはいけない。

■ 今後のありたい姿

Bさん：安心、安定した暮らしを手に入れる。金銭面は第三者に依頼し、成年後見制度を利用、普段の生活に使う金銭は自分の財布に入れて、食べたいものを買ったり、行きたいところへ行ったりして人生の楽しみももつ。Cさんとの良好な親子関係を再構築する。

金融機関：普段の表情や言動、身なりを覚えておき、気になることがあれば、成年後見人へ連絡をする。Bさんの安定した経済活動、金銭管理の手伝いを行い、地域の貴重な社会資源として存在する。

Cさん：金融機関が直接介入することは難しいが、以下の点に留意しておく。

中期・長期的な展望：現状にしっかり向き合う。経済・精神・生活面の自立を目指す。自分の生活を振り返り、どうしたらよいのか周りの意見を受け入れ考える。

今後のありたい姿：Bさんという親から独り立ちをし、現在も将来も何かと相談できる窓口をもち、支援が必要な場合は利用し安定した生活を手に入れ、維持する。

医師からのアドバイス

　虐待に至る経過の中で、いくつかサインがみられることがあります。経済的虐待に関しては、必要な治療や検査、介護サービスを勧めても家族が断ってしまったりする場合は注意が必要です。身体虐待やネグレクトについては、定期的に医者にかかる回数が減っている、薬を取りに来ない、受診時の様子（不潔、低栄養、貧血、あざ）などから気づける場合があります。虐待が疑われる場合には、受診の前に情報をもらえると、そのつもりで必要な事項をチェックしながら診察することができるのでありがたいです。

福祉・介護職からのアドバイス

　まず、家族から事情を無理に聞かなくても通報ができることを知っておいてください。家族から虐待を受けている人は、自分が虐待されていることや、虐待をしている家族のことを恥ずかしく思ったり、かばったりすることもあり、迷惑をかけたくないなどの心理が働き、なかなか本心を聞きにくいことがあります。別々にお話を聞くと少しは事情を話してもらえることもあります。ただ金融機関のみなさんが無理に事情を聞く必要はありませんし、虐待の事実を把握したり、判定する必要もありません。虐待のおそれがあるだけでも通報はでき、通報元も秘匿されます。虐待かどうかは行政が地域包括支援センターとともに事実確認を行なっていき、総合的に判断します。

　通報にあたっては、普段と違う、異なる客観的な事実を早期に見つけることが、状況悪化を止める大きなきっかけとなります。具体的には、年金や生活保護費など定期的な収入があるにもかかわらず、公共料金や保険代、家賃、サービス利用料を滞納するなどの問題を早期に見つけること。これらが、悪循環を止める重要なタイミングであり、この事実が適切な機関へつなぐときに必要な情報になります。

　この情報に基づく通報が、高齢者の生命・身体・財産を救い、その生活を立て直す貴重な機会になります。

　また、通報することが、養護者であり虐待をする家族に対する支援のきっかけにもなりうるということはぜひ知っておいてください。家族は、突然、原因もなく大悪人のようになり、高齢者のお金を取ったり、使えないようにするわけではありません。虐待をする家族としては、やむを得ない事情（例えば徐々に仕事が減って、借金がたまって、他人の保証人になり、その負債を背負うなど）の中で金銭搾取に至る場合もあります。むしろ、虐待をする家族が心の底ではつらい思いをしているかもしれません。このような状況の中では、家族は新しいことへの変化を恐れます。自分たちの行動が否定されることを恐れ、心のガードが固くなっているでしょう。しかし、支援者は、そのような家族の心のガードや生活状況をふまえながら本人の支援をしています。家族の心のガードをほぐすためにも、できるだけ早期に適切な支援者へつなぐことが最も重要です。

　家族の虐待により、ときには本人の生命に危険が迫ります。生命は失うと戻りませんが、本人と家族の親子関係などはたとえ一旦悪くなっても再修復が可能です。

　普段と違う、異なる客観的な事実を見つけた場合には、ためらわずに早期の通報を検討してください。

法律家からのアドバイス

　BさんのようにCさんによる虐待が疑われ、Bさん本人の生命・身体・財産の保護のために必要があると思われる場合には、Y行員のように地域包括支援センターに連絡することが有益です。行員としてBさんだけと話すタイミングを設けることができれば、そのときにBさんの了承を得て、その了承の事実を記録し、Bさんの状況を地域包括支援センターへ連絡することが望ましいでしょう。

　それでは、今回のようにBさんだけと話すことができず、Bさんの了承が得られない場合はどうでしょうか。担当のY行員としては、地域包括支援センターに勝手に連絡することは、Bさんの個人情報保護の観点で問題になるのではないかと思い、連絡をためらうかもしれませんね。

　実は、この場合、高齢者虐待防止法上は、むしろ地域包括支援センターに連絡（通報）するべきであることが、同法7条1項と2項に定められています。本人の状況を連絡することについて本人の同意を得なくてよいという例外を定める個人情報保護法16条3項1号、同17条2項1号、同23条1項1号の「法令に基づく場合」に該当します。

　したがって、担当のY行員としては、Bさんの同意や事実上の了承がなくても、第三者である地域包括支援センターにBさんの個人情報の提供ができます。個人情報保護法と高齢者虐待防止法の関係の詳細は、後のコラム「虐待の通報と個人情報保護」（⇒p.49）で説明します。

　また、今回の事情は先ほどの個人情報保護法16条3項2号、同17条2項2号、同23条1項2号の「人の生命，身体又は財産の保護のために必要がある場合であって，本人の同意を得ることが困難であるとき」にも該当しますので、この点でも個人情報の取得および通報が許されます。その結果、Bさんの個人情報保護法上の同意や、事実上の了承がなくても地域包括支援センターに連絡することができます。

　もっとも、現場のみなさんにとっては、今回のようにそもそも「虐待」なのかどうか、連絡するかどうか判断に迷うことが多いと思います。そのような場合でも、「虐待」かどうかを意識しすぎず、「虐待」と迷うもとになった具体的な事情を記録した上で、地域包括支援センターに連絡するという対応を検討することが望ましいでしょう。

こんなケースにも虐待が

　以下の①から④の事例にも虐待が潜んでいる可能性があります。本ケース・スタディの各専門職からのアドバイスの視点を活かし、どのような対応がされるのかみなさんでも考えてみましょう。当プロジェクトでは、本ケース・スタディや以下の事例の他にも、現場で困っている事例などを交えて、今後、みなさんとともに考える研修を通じ、対応を検討できればと考えています。

①契約者の兄弟より連絡があり、本人が認知症になったため、施設入居の費用として定期預金を中途解約し、送金を予定しているとのことでした。推定相続人は全員同意しています。今後は入居費用を口座引き落としにしたいと言ってこられました。本人が在宅介護を受けている場合の公共料金の自動振替契約と同様に、口座振替契約をすることになります。

②本人は、窓口で現金出金を希望されていますが、通帳・印鑑は持参していません。

その後、家族が通帳・印鑑を所持していることが判明し、家族から出金に応じないよう要請がありました。本人と家族で出金に関して意見が対立しています。

③本人が手持ち現金を遠方に住んでいる家族に送金している場合があります。その送金のせいで、本人の生活が成り立たなくなっているのですが、本人がその送金をやめません。

④認知症の人の金銭管理を近隣の知人がしている場合があります。その知人は善意でしている第三者のようですが、実際には金銭管理をする権限がないにもかかわらず、金銭管理を代行しているという意識はありません。担当のケアマネジャーが危険だと気づき、地域包括支援センターへ相談し、成年後見制度の利用を勧めたものの、当の知人は「必要になったら頼むわ」と言って断っています。このような人が金融機関の窓口に来られました。

資　料

虐待防止の視点におけるアセスメント項目の例

	項目	情報収集内容（例）	虐待発生リスク（例）
本人の情報	健康状態	○ 疾患・傷病の有無、それに対する受診・治療・服薬状況 ○ 障害の有無と状態 ○ ADL・IADL状況	□ 身体的・精神的な疾患・障害 □ 認知機能の低下 □ 治療が必要な状態だが、未受診 □ 介護量の増加・過剰な介護
	コミュニケーションや状態に合わせた対応能力	○ 難聴の有無・言語表現力の状態 ○ 理解力 ○ 生活意欲の状態（無気力・無反応） ○ 話の一貫性 ○ 養護者の顔色をうかがうなど ○ 相談や助けを求める存在の有無	□ 意思疎通のとりづらさ □ 認知症の発症 □ パワレス状態 □ 精神不安定・判断力の低下 □ 過去からの人間関係（力関係・依存関係・関係性の悪化・相談者の不在等）
	性格・性質	○ 特徴的な性格・こだわりの有無	□ 性格的な偏り □ 暴力的・脅迫的・依存的傾向
	経済的状況	○ 収入と支出のバランス ○ 本人のために使用できる金額 ○ 金銭管理状況 ○ 滞納・借金の有無とその状況	□ 収入や資産と実際に必要な医療、生活、介護などのサービスに落差がある。不足している。お金に困っている □ 年金や預貯金の通帳・印鑑がない □ 介護保険料等の滞納・借金・浪費癖がある □ 公的扶助や手当等の手続きが未実施
養護者情報	健康状態	○ 高齢による状況 ○ 疾病・傷病・障害の有無、それに対する受診・治療・服薬状況	□ 身体能力・認知機能の低下 □ 身体的・精神的疾患・障害がある □ 治療が必要な状態だが未受診
	就労状況	○ 就労しているか否か ○ 就労形態・時間 ○ 労働環境	□ 無職のため無収入／社会的孤立 □ 不安定な収入 □ 労働による身体的負担・精神的負担
	経済状況	○ 生活費の運用状況 ○ 滞納・借金・投資の有無とその状況 ○ 趣味趣向への費用	□ 本人の収入・預貯金への依存 □ 保険料等の滞納・借金・消費者被害 □ ギャンブル・趣味への散財・浪費癖
	心理的状態	○ 本人に対する感情・関係 ○ 依存状況	□ 過去から現在に至る関係の中で生まれた本人に対するマイナス感情 □ ギャンブルやアルコールへの依存
	性格・性質、状況に合わせた対応能力	○ 特徴的な性格・こだわりの有無 ○ 友人や地域、支援者との関係	□ 性格的な偏り □ 暴力的・脅迫的・依存的傾向
	介護負担	○ 介護意欲 ○ 疾病・障害・認知症の知識 ○ 介護の協力者・代替者の有無 ○ 介護サービスに対する受け止め・理解	□ 介護意欲が少ない／強い執着心 □ 高齢・障害への理解がない □ 一人で抱え込んでいる／相談者不在 □ サービスの必要性が理解できない

社団法人日本社会福祉士会（編）．『市町村・地域包括支援センター・都道府県のための養護者による高齢者虐待対応の手引き』中央法規出版（2011）をもとに作成．

コラム 虐待の通報と個人情報保護

　高齢者に対する虐待を通報することについて、高齢者虐待防止法と個人情報保護法はどんな関係にあるのでしょうか。

　あまり知られていませんが、実は、高齢者虐待防止法は虐待の発見者に通報義務を課しています。つまり虐待の発見者は市町村に通報しないといけないのです。

　高齢者虐待防止法7条1項では「養護者による高齢者虐待を受けたと思われる高齢者を発見した者は、当該高齢者の生命又は身体に重大な危険が生じている場合は、速やかに、これを市町村に通報しなければならない。」としています。

　また、同法7条2項では「前項に定める場合のほか、養護者による高齢者虐待を受けたと思われる高齢者を発見した者は、速やかに、これを市町村に通報するよう努めなければならない。」とし、通報の努力義務が課せられています。この2項の場合には、1項の場合とは違い高齢者を保護する緊急の必要性まではありません。そのため、1項の「通報しなければならない」との表現を弱め、「通報するよう努めなければならない」としています。つまり2項の規定は、通報義務ではなく、通報の努力義務を定めています。

　いずれにしても、高齢者虐待防止法が高齢者虐待の発見者にこの2つの通報義務を課した目的は、高齢者の保護や養護者の支援を図るために広く社会に情報を求めようとするところにあります。

　虐待を発見した場合の実際の通報先は、市町村から委託を受けた「高齢者虐

待対応協力者＝地域包括支援センター」となります。

　それでは、この通報について個人情報保護法はどのように考えているのでしょうか。

　発見者が虐待の通報をしないといけないのに、仮に本人の同意を得ない限り個人情報保護法に違反する、というのであれば、高齢者本人の意思を確認できないときや、本人が黙っているとき、本人が虐待者をかばっているときに困ってしまいます。発見者は通報すべきなのか控えるべきなのかがわからず、身動きがとれなくなってしまいます。

　このようなことがないように、個人情報保護法は、本人の同意を得ずに個人情報（要配慮個人情報、個人データを含む）を取得したり、第三者に提供してよい例外的な場合を同法16条3項、同17条2項、同23条1項、2項に定めており、特に虐待の通報義務を負う人の場合には同法16条3項1号、同17条2項1号、同23条1項1号の「法令に基づく場合」として本人の同意のない通報を許しています。

コラム　高齢者をひとくくりにしないで！

　ある高齢女性から事情を聞こうとしましたが、なかなか返事がもらえません。難聴と理解力の低下を予想し、耳元で大きな声で、短文で話したら「そんな大きな声で話さんかて、よう聞こえてる」と言われたことがあります。高齢者の寡黙≒難聴≒認知症≒失語症とは限りません。しっかりとした高齢者の状態の把握（アセスメント）が必要なこと、沈黙の怖さを受け止め、しっかり返答を待つことの大切さを再確認した出来事でした。

3-3 今すぐ活かせる！ケース・スタディ 3 「詐欺被害」

ある日、閉店間際に40代くらいの男性が、80代の女性を連れて窓口にやってきました。グレーのスーツ姿の男性は笑顔を浮かべていますが、目つきが鋭く、一見、近づきがたい風貌です。

男性が言うには、自分はDさん（80代後半の女性）の知人。Dさんから信頼され、金銭管理を熱心に頼まれた。だから、やむなく親切で手伝っている。実はDさんの自宅が老朽化し、リフォームが必要となったので、預金から300万円を現金で引き出したいとのこと。対応したZ行員は、すぐに「これは詐欺では…」と疑いをもちました。しかし、Dさんは通帳と届出印鑑を持参されています。Z行員は、まずは本人の意思を確認しようとしました。

Z行員：「では、今回は300万の預金を現金で引き出しされたいとのことでよろしいでしょうか」
男　性：「そうです」
Z行員：「ありがとうございます。恐れ入りますが、Dさんご本人にお気持ちをおうかがいしたいと思います」〈Dさんに向き直り、視線を合わせ〉「D様、本日は300万の預金を現金で引き出しされたいとのことですね」
Dさん：「…はい」
Z行員：「恐れ入りますが、どのような用途に利用される予定でしょうか」
男　性：〈さえぎるように〉「だからリフォームって言ってるだろ！」
Z行員：「申し訳ございません、あくまでもご本人様に確認する必要がございまして」「D様、いかがでしょうか？」
Dさん：「…。リフォームです」
男　性：「ほら！　早く出せよ！」

気づきのポイント

- Dさんと親子以上に年の離れた同伴者の登場
- 出金に必要な通帳と印鑑は持参できている
- 質問に対して「はい」と返答はできる
- 返答の内容は同伴者の言いなり

金融機関

- まずは本人の意思を確認
- 同伴者と一緒では、Dさんの意思確認は真意かどうかわからない
- 同伴者からDさんを別室などに引き離し、安全、安心を確保してから意思確認をする
- 同伴者の恫喝や嫌がらせにひるまず、必要ならば男性行員に同席してもらったり、上司に応援を頼んだりして、複数で組織的対応をする

Z行員：「リフォームとは大変ですね。今回はどのようなリフォームをお考えでしょうか」

Dさん：「…。あの…、リフォームです」

男　性：「もういいだろ。通帳と印鑑があるんだから早く出せよ」

　Z行員がいくらDさんに詳しく話を聞こうとしても、納得のできる回答がありません。男性は、「さっさと出金しろ！」と声も荒げています。

気づきのポイント

● 出金後の用途に関する質問に対して詳細な返答はできない

● 理解力の低下があるのか、それとも、強要・脅迫などがあるのか

金融機関

● 同伴者から怒号や嫌がらせを言われても、わざと怒っているふりをしてこちらの出方を見ている可能性を探る

● 一旦出金してしまえば戻らない

● リフォームが本当ならば、その会社へ直接振り込むことも可能。分割払いでもよいかなどと話を引き延ばし、警察へ相談することが顧客保護につながることを想定する

【その後】

　Z行員は、上司と相談の上、まずはDさんと男性を別室に案内しました。そして、本部にも事情を報告、相談したところ、Dさんは通帳・印鑑は持参し、引き出しにも同意しているものの、引き出した現金がこの男性に渡ることが容易に考えられるため、警察に連絡するよう指示を受けました。

　駆けつけた警察官二人が別室でDさんと男性に事情を聞こうとしたところ、男性は具体的な説明もなく、「もういい」とそそくさと席を立ち、今回はなんとか事なきを得ました。このままDさん一人で帰すのも心配だったため、Dさんの了承を得て、その場で家族に連絡し、家族に迎えに来てもらいました。

● 一旦、この二人が引き返しても、再度その動きがあるかもしれない。記録と予測が大切

金融機関の対応方法のポイント

▨ 初期の対応

Dさん：自分の気持ちや家の様子を金融機関に話すことができるようにする。

金融機関：同伴の男性の言うことをうのみにせず、Dさんの意思の確かさや住環境について確認が必要と予測し、警察へ相談する。

中期・長期対応：地域、関連部門との連携

> **Dさん**：自らの経済状況、生活を把握し、わからないこと、困っていることがあれば、家族や支援窓口、地域包括支援センターなどにも相談をする。

・必要な医療や支援、権利擁護を検討し、受け入れてもらうことで、安定、安心した暮らしを手に入れることを目指します。

> **金融機関**：今後も同じような被害にあわないよう、Dさんの理解力や判断力を見守り、ご家族や支援者へつなぐ。

今後のありたい姿

Dさんが、自分の財産や暮らしを他者に狙われたり、脅かされたりしないように、安心、安定して過ごすことを目指します。医療や支援が必要な場合は、金融機関とともにチームとなり支えることが望まれます。

医師からのアドバイス

認知症の前段階の軽度認知障害の状態では、周囲も変化に気づかない場合が多くあります。理解力、判断力が低下していて、生活には大きな問題は生じていないものの、悪意をもってだまそうとされた場合にはだまされやすくなっています。認知症に進展した場合、まず自分の認知機能の低下が認識できなくなります。漠然とした不安感はおもちで、それにより周囲の援助に拒否的になることもあります。アルツハイマー型認知症では、自分の能力低下を認めて支援を受け入れることはできず、何でも自分でできることを強調されるようになります。説明が理解できないことを悟られないように何でも受け入れてしまって、勧められるまま不要な商品を購入してしまったり、不要なサービスを契約してしまったりすることもあります。

福祉・介護職からのアドバイス

　あなたを心配しているということをまずは真摯に伝えることからはじめることが大切です。「あなたは大丈夫だと思うのですが、他の方はこんな大変なことがありました」と一般的な話も有効な場合があります。もし怒られたら、その怒っている原因の分析が、その後の関わりの決め手となることもあります。つまり、認知症などで訳がわからず怒っているのか、障害がありコミュニケーションが不得手で怒っているのか、そのようなことはなく、相手の出方や今後の利得を考え、わざと怒っているふりをして様子をうかがっているのかでも対応が異なります。その意味では、本人を知ることが重要ですね。また、どのような対応をしてもひどい暴力や他の人への影響が大きい場合は、一旦、離れて警察への連絡を視野に入れることも必要でしょう。

　ある金融機関では、このようなケースにおいては、100万円以上の出金で、警察への通報をされると聞いています。それだけ詐欺に対しての対応は緊急性が高いということでしょう。

法律家からのアドバイス

　今回のDさんは、通帳や印鑑は持ってきていますが、Dさんの返答は同伴者の男性の言いなりになっている可能性があり、出金後のリフォームの使いみちもあまり具体的に話していません。Dさんは、明らかに不自然な、身内でない同伴者の男性がそばにいることで、自分の意向を率直に伝えられなくなっています。このような場合には、Dさんが同伴者の男性から詐欺・恐喝・強要の被害にあう可能性があります。今回は300万円の現金引出しを希望されているので、詐欺（だまされてお金を出すこと）や恐喝（脅されてお金を出すこと）の可能性が高いでしょう。

　このような場合、複数の行員で対応するようにし、本人の意思を慎重に確認していきましょう。先に同伴者の男性に説明をさせると、その後、本人が影響を受ける可能性がありますので、先に本人から説明を受けるようにしましょう。「はい」「いいえ」で答えられる質問を避け、時間がかかっても、適宜言葉を添えたり、質問したりして話を促しながら、本人から自分の言葉で具体的な説明をしてもらうようにしましょう。

　説明を受けても疑念が晴れないときは、今回のように警察に連絡するのも有効な手段です。同伴者の男性を離して、警察への連絡について事前にDさんの了承を得ることが望ましいです。ですが、今回のように、同伴者の存在により本人の真意が確認できず、本人の意思に反して同伴者に現金が渡ってしまう危険性がある場合、個人情報保護法23条1項2号の「人の生命、身体

又は財産の保護のために必要がある場合であって、本人の同意を得ることが困難であるとき。」に該当します。その結果、Dさんの了承や個人情報保護法上の同意がなくても、警察への通報が許されます。

実際には、警察へ通報することは、同伴者の男性やDさんから強い反発を受ける可能性があるので、抵抗があり、ためらうことが多いかもしれません。ですが、警察への通報が有効な選択肢として実行可能であることを知っておくだけで、その他の対応の際にも気持ちの余裕が生まれると思います。

今回とは異なり、もしDさんが「家族がいない」と言っている場合には、「今すぐ活かせる！ ケース・スタディ２」で述べたとおり、先述の個人情報保護法16条３項２号、同17条２項３号、同23条１項２号に基づき、居住地の地域包括支援センターに連絡し、協力を仰ぐことが有効です。

こんなケースにも虐待が

詐欺的行為、詐欺行為による被害としては、以下のようなケースも報告されています。本ケース・スタディの各専門職からのアドバイスを参考に対応を検討していくことが重要です。また、現場でも対応に様々な工夫を凝らされていると思います。当プロジェクトとしては、以下のケースの他にも、みなさんが現場で対応に困っているケース、工夫しているケースなどを交え、みなさんとともに対応を考える研修を検討していきたいと考えています。

①余裕資金のある男性Eさん。奥様は他界され、一人暮らしをされています。不審な結婚相談所に会員登録されており、紹介された女性と何回か付き合っているうちに、女性から金銭や物品の要求が繰り返されるようになりました。女性に好意を寄せていたEさんは、女性の要求どおりに所持している金品を女性に与えていました。女性に現金を渡すために、預金や投資信託の解約をするほどでした。しかし、この女性はいつの間にかEさんの前から姿を消してしまいました。Eさんが寂しく感じていたときに、さらに結婚相談所から別の女性が紹介され、仲良くなったとたん、同様に金銭を要求され、Eさんは言われるがままに金品を与えてしまいました。結局、Eさんは同じことを繰り返し、金融資産は底をついてしまいました。

②高齢女性に孫くらいの男性営業マンがやさしく取り入り、繰り返し着物を購入させ、女性が亡くなったときには、多額の債務が残っていたという事例もあります。

③銀行の職員になりすました人物が、「特別な金利の高い定期預金のキャンペーンを行なっている」と言って、自宅に訪問し、現金を預かります。自作の預かり証を交付し、現金を持ち帰ったまま、連絡がとれず、不審に思ったお客様から銀行に連絡があり、詐欺であることが判明しました。

④税金の還付金が受け取れると言ってATMに誘導し、振込させる「還付金詐欺」、「必ずもうかる」といった投資話をもちかけ、代金を支払った後、その業者と連絡がとれなくなる「投資勧誘詐欺」など被害事例が多いといわれています。

金融機関の窓口では

　ある金融機関では、ご高齢のお客様が特殊詐欺の被害にあわれないよう、高額の現金払戻しをされる場合に、資金使途などの確認に加えて、お振込みや自己宛小切手（預金小切手）のご利用を勧めており、必要に応じて警察と連携し、お客様の大切な預金をお守りしています。

> **コラム**

どうしたら家族への連絡が できるのでしょう？

本人から家族への連絡の了解がとりにくい

本人が一番輝いていた頃の話や得意分野（勤務時代、スポーツ、子育てや家族の話、趣味、家事、ボランティア経験など）の話をしていただき、気持ちをほぐして警戒心を解き、話題への集中力を高めてから情報提供の了解をもらいます。本人の様子を見ながら、「いつもお世話になっておりますので、一度、ご挨拶をさせていただきますね」、「ちょっとだけ、玄関だけで構いませんから、お会いしたいんです」などと話をし、家族へのコンタクトを敷居を低く感じてもらい、できるだけ受け入れていただけるようにお願いしましょう。話す順番、優先順位、最低限ここだけは了解してほしいなど、整理をして話をしましょう。

また、今回はこのやり方では難しかったという場合でも、次もダメとは限りません。その逆もありえます。どんなやり方であっても大事なポイントは、話しやすい雰囲気を感じてもらうこと、そして状況を分析し計画的に物事を進め、記録することです。

家族へ連絡をしても動いてもらえない

家族の方が今後の展開をイメージできることが大切です。今、動かなかったら、制度利用を考えなかったら、親の生活がどうなるのか、家族の負担がどうなるのか、など具体的なことを伝え、想像してもらい、今動いたほうが得であることを感じてもらいましょう。実際に、早期の見立てや手立ては、その後の人生の選択肢が多くなり、医療や福祉の支援が遅ければ遅いほど、選択肢は少なくなります。

> 認知症の進行とともに被害妄想や興奮などの精神症状が強まる場合があります。早期から専門職のアドバイスにしたがって対応を工夫したり、介護サービスを利用したりすることで、介護の負担を減らすことが可能です。

Practical Guide for Dementia
friendly Financial services

4-1

金融機関の困りごと
〔対面編〕

4-1 金融機関の困りごと【対面編】

対面編　CASE・1
来店目的不明で長時間銀行に居続けるケース

　毎朝9時から閉店まで、ロビーのソファーでじっと座っている高齢女性がいらっしゃいます。

　行員より「いつもお世話になります。本日はどのようなご用件でお越しいただきましたでしょうか」「何かお困りではありませんか」とお声かけをしても、「はいはい」だけのお返事で困ります。

　何とか名前だけは教えていただき、住所を確認し、結局、自宅まで一緒に帰り、ご主人にお願いしました。ご主人もどうしたらよいか、困った様子でした。

　また次の日もその高齢女性は来店されて同じ様子です。

　どうして差し上げればよろしいのでしょう。

--- **対応のヒント** ---

　医学的にみると、認知症の症状の中で、同じ行動を繰り返す常同行動という症状があります。特に前頭葉の機能が低下したときに起きやすく、アルツハイマー型認知症で前頭葉にも障害がおよんでいるときや前頭側頭型認知症でみられやすい症状です。行動は人によって様々で、地方であれば畑やお寺などに毎日通うなどの行動がみられることが多いですが、都市部の場合にはなぜか銀行が選ばれることがあるようです。このような場合、本人にも理由はわかっていませんので、こちらから働きかけて自宅に安全に帰っていただくのを支援することが必要です。

　対応方法としては、業務に余裕があるときの何気ない会話の中で、好きな食べ物や昔好きだったこと、家族の有無や様子などを少しずつゆっくりと情報収集しておけば、いざというときに対応しやすいでしょう。

本人にとって安心できる場所があるというのはありがたいことですが、本来であれば銀行以外に本人が楽しく安心して過ごせる居場所があればより良いと考えます。

さらに、生活上では他にも困っていることがあると想像ができ、今後さらに困ることが増えていくことも予想されます。本人だけでなく家族にも銀行近くの高齢者の公的窓口や、財産管理、権利擁護の諸制度を知っておいてもらえるように、金融機関には地域包括支援センターや介護保険制度、成年後見制度のパンフレットやチラシを用意してもらい、上記のような情報を、必要に応じて提供し、困ったときには相談できるという安心感を本人・家族へ届けるお手伝いをお願いしたいものです。

さらに、上司や本部へも遠慮なく相談できる関係性も大切です。そこから地域包括支援センターにつなぐなどの対応をアドバイスしていただけることでしょう。また金融機関内に高齢者にやさしい窓口を設けたり、福祉のアドバイザーとの連携を強めたりすることも一案だと思います。

知って得する "豆知識" 〔認知症高齢者を地域で見守る仕組み〕

☐ 認知症が進みながらも出かけることができる人は、自宅や施設などの居場所へ帰ることができなくなるという「徘徊」が起こることがあります。その場所が金融機関になることもあります。そのような場合、地域包括支援センターが窓口となり、見守りが必要な人として徘徊時に発見しやすいように事前に福祉事務所へ登録することができる地域があります。普段から写真、連絡先、本人の特徴などの情報を集め登録することは、いざというときの安心材料になるでしょう。

☐ 他にもGPSの所持や衣類や靴、持ち物などに連絡先などを記載することも、万が一のときに発見し、連絡をしてもらうことにつながります。

☐ 地域によっては高齢者の爪に自治体の情報（市町村名と市役所の連絡先）を入れたシールを貼る（希望者へ）ところもあります。

☐ 近隣や行くことが予想される場所への情報提供や高齢者を守るネットワークづくりを行政や地域包括支援センターへ働きかけることも大切です。

☐ 上記のような知識や対応、工夫は金融機関のみなさんの業務の軽減や対応時間の短縮、そして身近な方々の暮らしやすさにもつながります。

つなぐときに考えること

　終日、用事がないのに金融機関にいる人は、あまり手をわずらわすことがないかもしれませんが、毎日だと心配になります。

　その期間が3週間から1か月を超えると、やはり家族や支援者へのつなぎを考えてください。怖いのは、毎日来ていた人が、突然、来なくなることです。その場合は、体調不良の可能性が一番に疑われます。もしその人に身寄りがなく、その異変を察知してもらえなかったら…。元気に来られているときにつなぐことが重要です。

　用事がないのに毎日来る人について、一度、医療、福祉・介護、法律につなげば、後はつないだ先が専門性を発揮し、適切な対応を行います。みなさんがその対応方法のポイントをあらかじめ知っておくことは重要です。

　できれば、本人には、まず、金融機関が住居ではないことを説明した上で、本人の健康状態（例えば体調、心情、認知力、持病、医療の必要性など）、生活状況（家族、自宅までの距離や交通手段、おなかは減っていないか、喉は渇いていないか）などを無理のない範囲で聞き、住環境、経済面、将来のこと、支援の必要性を把握しましょう。そうすれば医療、福祉・介護、法律など、まずはどこにつなぐのがよいかがある程度わかり、つなぎ方もよりスムーズになります。

　つなぐかどうか、どのようにつないだらよいか悩む、という人もいると思います。その目安として、「自分が本人の家族だったらどうしてほしいか」を考えてください。いつまでもやさしく対応してくれる金融機関にお願いしたいか、医療、福祉・介護、法律の専門の支援者へつないでほしいかを…。

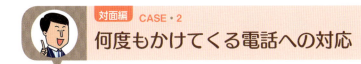

対面編 CASE・2 何度もかけてくる電話への対応

例1：申込書の書き方について電話で説明し、そのときは理解された様子でしたが、その後、何度も同じ質問の電話をかけてこられました。

例2：名義人より「娘が勝手に自分の預金を払い出しているので、娘が来ても払い出さないようにしてほしい」との要請がありました。本人の意思確認ができなければ払出しできない旨を説明するも、毎日のように同じ要請の電話が続きました。一度、名義人のご主人とともに来店しましたが「娘が勝手に預金を払い出すので、娘に対し裁判をしようと思っている」との申し出がありました。当方より、まずは娘さんと話し合いをするよう依頼しました。

例3：郵便物を書留で何度も送ったものの、毎回、受け取っていないと言われます。郵便局で受領確認はとれています。一人暮らしなので、本人しか受け取る人はいないはずですが…。

対応のヒント

記憶障害がはじまると自分がしたことを忘れたり、説明されたことも内容だけでなく、説明されたこと自体を忘れてしまったりするようになります。そこに不安が加わって被害妄想に進展することがあります。財産に関することは生活に直結するので、特に被害妄想のテーマになることが多くあります。

このような状況は記憶障害のみが先行して、電話をかけたり銀行に出かけて行ったりする能力が保たれている比較的早期に生じます。認知症の進行とともに、何を忘れたかも思い出せなかったり、電話や外出が不可能となるため、自然とこのような行動はなくなっていきます。

長時間の説明や対応は、認知症の方にとっては、記憶や理解が難しく、体力、気力も消耗することや、さらに不安になることも予想され、あまり有効ではないかもしれません。ゆっくり、滑舌よく短文で簡潔に説明をし、なかなか理解が進まないときは、家族がいれば交代してもらう。いないときは、家族から連絡をお願いするなどの提案を試みる。また一旦、うまく伝わらないことへの謝罪を伝え、切り上げることも必要かもしれません。

またそのときの会話の内容やかかった時間、頻度、うまくいった対応、うまくいか

なかった対応などを記録し、顧客の情報として、行内で周知し、どの行員が対応しても一定以上継続し、次のステップ（家族への連絡や公的機関への情報提供）への布石となるような動きをとることも大切です。

通帳や印鑑などを繰り返しなくしている場合などは、来店の間隔などもありますが、一つの例として、以下のような対応が考えられます。

月3回以上、もしくは週1回以上の頻度で起きる場合には、十分注意が必要であり、家族や支援者へつなぐことが考えられます。通帳の再発行の場合、再発行に慣れていない人が比較的短い期間で再び通帳をなくすこと（2回目の紛失）はありえますし、印鑑を不注意で連続してなくすこと（2回目の紛失）も起こりえなくはないでしょう。しかし、3回目の紛失となると単なる偶然や不注意の可能性は低いです。3回目の紛失からは判断能力が低下している疑いがあるケースとして、気をつけて対応する必要があります。

なお、上記の回数については、あくまで一例にすぎないので、金融機関ごとの事情に応じて独自に検討・設定してみるのもよいでしょう。

10回の電話応対や1回の長時間の対応より、1回の顧客の自宅訪問のほうが顧客対応、管理に効果的な場合があります。それも組織的に対応し、複数の目で見、関わることが、より良い接遇、財産保護の基本となり、そのことが後々のトラブルを避けることにつながると感じます。

例えば、自宅を訪問することで家族の連絡先がわかり、適切な財産管理や必要な支援につなげることができるかもしれません。

いかに本人の了解を得て、家族へ連絡をする、もしくは高齢者の公的な窓口である地域包括支援センターに連絡をし、必要な支援や制度につなげるかが大切であり、その後の展開に大きく影響するでしょう。

上記のように記憶障害がある場合は、他にも周りで振り回されている人々がいる可能性や、本人の生活が破たんしている可能性も考えられるでしょう。

もしかしたら、その振り回されている人々が地域での困りごとや身近な自分たちにも起こりうる事柄として考えていこうという認識となり、次への協力者になったり、困っている事柄が、地域包括支援センターなどが関わる支援のきっかけになったりするかもしれません。また本人も記憶が保てず、手続きがわからず不安で繰り返し連絡をしてきている、まさにそのタイミングが医療や支援へのつなぎのタイミングです。それを逃すと認知症の進行とともに自らの状況を不安とも感じなくなることがあるので注意が必要です。

（⇒p.16資料「認知症チェックリストの例」参照）

コラム 抱え込まずに早めの役割分担を!!

どのような対応でも適度な、適切な対応が良いことは言うまでもありません。金融機関の顧客対応が不十分であったり、不適切であったりした場合、その対応が今後の課題となることもあるでしょう。

ところが、その逆に、金融機関の特に丁寧な対応や、枠を超えて他の役割を抱え込んだ対応も、本人の最善の利益や支援から遠ざかることがあります。抱え込んでしまった結果、本人に必要な医療、福祉・介護、法律による支援が後手後手にまわる可能性があるのです。

顧客を抱え、役割を超えた懇切丁寧な対応が、美徳や美談になるとは限らないということを知っておいてください。

対面編　CASE・3
預金を盗られたという訴えへの対応

　高齢の女性が、「お金がない、盗られた、貸金庫の中身もない、おたくの行員が盗ったのでしょ」と怒って来店されました。担当した行員は、戸惑いながらも、名前と生年月日を確認し、パソコンで残高、取引経過を調べました。すると、1週間前に来店され、全額出金しているものの、6日前、4日前、2日前の11時頃に同じ訴えで来店されていることがわかりました。行員は上司へ相談し、一緒に本人に説明したものの、「そんなことはありません、お宅の銀行が盗ったに決まっています！」と大きな声で訴え続けるため、応接室へ案内し再度説明を行いました。
　その後も、このような出来事が繰り返し起こり、そのつど、行員は丁寧な説明をするものの、Aさんは毎回初めての訴えの様子です。事態の改善はなく、毎回長時間の対応になっています。いったいどう対応したら納得されるのでしょう…。

―――　対応のヒント　―――

❶まずは、興奮している本人の気持ちを落ち着かせる対応が必要です。
　（⇒p.32「金融機関の対応方法のポイント」参照）
❷本人の気持ちに寄り添って話をし、家族がいれば、家族へ連絡し、事情を説明します。そのときに、困りごとがあれば、高齢者の公的な窓口があることを伝えます。
❸興奮がおさまらず、大声を出したり、物をたたいたり、暴れるなど、周りへの影響が懸念される場合には、別室に移ってもらい、複数の行員で対応します。このとき、本人の様子にもよりますが、なるべく多くの視点をもって穏やかな雰囲気で対応するために、可能であれば、男性の行員と女性の行員が同席する形で対応しましょう。

　物盗られ妄想や金銭に対する不安は、金融機関のみなさんが丁寧な対応を重ねて信頼関係が深まることで軽減されたり、一時の安心につながったりすることがあります。まずは、本人の話を丁寧に聴き、気持ちが落ち着くのを待ちましょう。むしろ、そんな事実はないと本人の訴えを否定すると、より一層不安や興奮、怒りを強めてしまいかねないので注意しましょう。

　盗られたという訴えがある場合には、現状の確認や対応について独りよがりの判断となることを防ぎ、客観性を維持するためにも、一人でなく必ず複数人で対応することを原則とします。
　家族への連絡も本人の尊厳を保ちつつ、金融機関での事実経過を伝えることができる

言い回しが望ましいでしょう。例えば、いつもの挨拶後「Ａ様のご了解を得て、ご連絡いたしております。当行にてお預かりしていた普通預金から、△月×日に◯万円をご出金されております。ところが、今回、このようなお話をいただき、繰り返しお調べいたしましたがそのような事実はなく…。Ａ様には、せっかくお越しいただきましたのに、誠に申し訳ありません」と事実を伝え、わざわざ来店されたのに、希望に添えないことへの申し訳ない気持ちを真摯に伝え、今後もお取引と良好な関係、そしてＡさんへの今まで以上の支援を、さらに高齢者の支援機関の紹介を行いたいところです。

　対応の際は本人と金融機関側だけでなく、場合によっては家族や警察、福祉関係者など第三者も同席してもらうことが必要となります。そうでないと、次の必要な支援や手立てへ進めず、同じことの繰り返しで、本人には負の感情だけが残ることになるでしょう。

　金融機関のみなさんは、警察に通報することは認知症の方への対応という事情だけでは、詐欺などの場合のように通報の必要性を認めにくかったり、通報のハードルが高いと感じるかもしれません。しかし、暴れているお客様やあらぬ疑いを行員にかけられている場合などは、他のお客様へ迷惑がかかったり、行員に被害がおよんだりする前に別室へお通しし、行員通用口から警察の方に入ってもらい、相談をすることも可能だと考えます。

　その後も同じようなことがあった場合、警察に記録が残り、対応が早く、適切な窓口へつながる可能性もあります。警察への連携を過敏に控えることや、金融機関への依存性を継続させることは、かえって適切な機関へのつなぎを遅くする障害となり、トラブルが大きくなることもあると考えます。

　認知症などがある人にとって、本来の安心できる財産管理、生活を手に入れるには、専門医の見立てや適切な支援が不可欠です。その支援へとスムーズにつなぐにあたっては、本人が繰り返し訴える内容の他に、次の点にも注意して記録するのがよいでしょう。

- ☐ 来店する曜日や時間帯
- ☐ 身なり：季節に合った服装か、持ち物は何か、靴かスリッパか裸足か
- ☐ 何か連絡先の書いたものが身につけてあったり、持ち物に忍ばせてあったりしないか
- ☐ 不衛生な状態はないか、身体から臭気がしないか

これらの記録は、支援の必要性と介入のタイミングの緊急性を関係者へ説明するときの証拠となります。さらに、専門医の診断に役立つほか、本人が不安になって金融機関に来店する曜日や時間帯を見はからって、家族や支援者が介入していくための有力な資料になります。これらを記録する手間は大変で、一見遠回りの作業のように見えるかもしれません。ですが、本人が安心することが、結局は金融機関の大きな業務軽減につながります。

必要な"支援・手立て"をつなぐには

　この事例では、一日おきに11時頃に来店されるというところに手がかりがあります。もしかしたら、来店のない日は家族が来るのか、デイサービスへ行くのか、そして11時頃に以前から買い物（おなかが減った⇒食べるものがない⇒買い物へ行かないと⇒お金がない⇒銀行へ行く）へ行く習慣があったり、家族がその時間帯に不在になったりするなどの可能性があります。その時間帯に家族が電話をしたり支援者が関わったり、サービスを利用したりすることで安心感が高まり、不安な行動が減る可能性があります。ぜひ、家族や支援者への情報提供の了解を得て、事実を伝え、次の一歩へつなげたいものです。

わかってもらえないときは

　行員に疑いをかけられた場合などは、慎重な対応が必要です。事実かどうか、経過記録や実際の手続き書類を確認したり、証言や録画シーンを集めたりするなどの作業が行われるでしょう。その結果をお知らせし、説明をすることは不可欠ですが、たとえ問題がなかったと事実を伝えても、顧客が納得されるかどうかはわかりません。そのような状況、特に顧客の思い込みや勘違いが原因のときは、顧客の不安感は強く、実際に何らかの事情でお金を失っている可能性があり、1、2回目などでも早期に家族や支援者への連絡を考えていただければと思います。

コラム 後見こぼれ話 ―保佐人のつぶやき―

　専門職が保佐人になったときも、本人から「お金を盗られた」「通帳を盗られた」と言われることがあります。

　保佐人のところに、一日に10回以上電話をかけてくる人もいれば、役所や警察、金融機関に電話をかける人もいらっしゃいます。

　あるケースでは、何度も「通帳を返しなさい」と言われるので、何度目かのときに「いいですよ」と言うと、なんだか拍子抜けしたような、少し寂しげな様子を見せました。

　その後、本人との関係を深めていく中で、一人暮らしの寂しさの中で、誰かを標的にすることにより、その寂しさを埋めているのではないかと思えるようになりました。

　ケアマネジャーやヘルパーなどの福祉関係者も同様のことを思っていたようで、デイサービスの利用回数やヘルパーの訪問回数を増やして、本人が他の人と話をする機会を増やしたところ、クレームの回数が格段に減りました。

　クレームの本意は、寂しさの訴えだったのかもしれません。

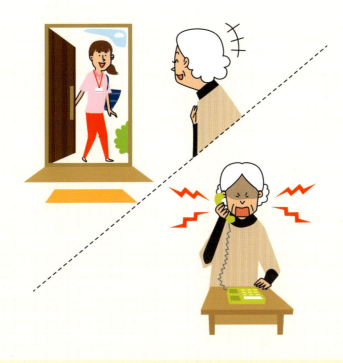

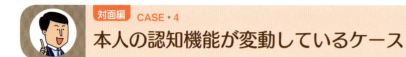

本人の認知機能が変動しているケース

　理解力がそのときどきで変動するお客様。理解力が正常なときには、やりとりがスムーズで手続きなどの問題は一切ありません。
　しかし、そうでないときは大変です。急に窓口に来られたかと思うと、「銀行の○○さん（特定の窓口担当者）に定期預金の満期のお金を全部盗られた！」「警察を呼んでやる！」と大騒ぎされます。当方でも納得のいくよう丁寧に説明をしているつもりですが、「そんなこと聞いとらん」と取り付く島もありません。全くの別人かと思うくらいです。ときどき、家族が同伴するのですが、家族も対応に苦慮している様子です。
　いったいどうしたらよいのでしょう？

対応のヒント

　取引によっては、有効に契約が成立しているかどうか不明確ですが、基本的には、本人の意識がはっきりして理解力がある時点の契約は有効に成立しています。契約は当事者双方の意思表示と意思表示が合致していることにより成立します。たとえ双方の意思表示が瞬間的なものであっても、一人の意思表示と、もう一人の意思表示がその瞬間に合致していれば、契約は成立しています。

　ただ、理解力が変動している人の場合、そもそもその時点で理解力があるといえるかどうか、窓口の現場では悩むことが多いと思います。そのため、文字、音声、映像によって記録化するとともに、家族に本人の普段の様子を聞きながら、時間的な間隔（数時間～数日）をおいて、複数回確認しておくことが望ましいでしょう。

　原則論は以上のとおりですが、もう少し詳しくみていきましょう。

　状態が変動することが特徴のレビー小体型認知症という病気があります。この病気は、意識がはっきりしていてスムーズに意思疎通が図れるときと、ぼんやりしてなかなか意思疎通が図れないときがあります。血管性認知症でも、意識が一時的に低下して理解力が低下するせん妄という状態になることがあります。このような場合、状態が良いときに交わした契約や手続きを忘れてしまったり、理解できなくなったりすることがあります。医療では、このような場合、状態の良いときを見計らって治療の説明をしたり、同意をとったりするようにしています。医療においては、状態の良いときの判断をもとに治療方針を決めていますが、金融機関での説明を状態の良いときを見計らって行うことはなかなか難しい上、契約自体が有効かどうかという疑義が生じ

ます。状態が変動している方と新たに契約を結ぶことは差し控える必要があると思います。けれども、認知症といっても一方向に悪くなっていくばかりではなく、変動があることを知っておくと、すでに結んでいる契約において本人に損失が出ていて、何らかの対応が必要な場合に、本人の判断を得る際の参考になるでしょう。

　一方で、思考に一貫性がなくなったり、抑制がきかなくなって場あたり的な判断をしてしまうようになったりするケースもあります。特に前頭葉の機能が低下している場合にみられるのですが、このようなケースでは、状態が変動しているわけではありませんが、説明を受けるたびに違う要素に反応し、選択が変わってしまうことがあります。このような場合は、判断に一貫性を欠いていますので、契約の能力としては低下しているといわざるを得ません。一旦契約した商品を解約するにあたって手数料などが発生して顧客の不利益になる場合は、家族にも同席してもらうなどして、本人との間だけで手続きを進めないようにすることが望ましいと考えられます。

　具体的な対応方法としては、本人に一定の認知能力・理解力がある場合は、手続きされたことを書面に自筆で記入してもらい、署名、捺印いただくと、後で意見を覆された場合でも一旦は納得されるなど、有益なときもあります。また家族などがお越しになったときの証拠にもなるでしょう。

　さらに、ビデオや音声も併せて記録しておくことは、客観的証拠として大変有益です。本人がそれを偽物呼ばわりしたり、認めない場合も起こりえますが、記録があれば、第三者も後から確認が可能です。

　理解力が不十分と思われるときは、そのことを記録に残し、繰り返される場合は、別室へ案内して落ち着いてもらい、一旦は帰宅してもらうことが望ましいでしょう。

　そのような対応を続けることが次へのステップになります。つまり、次の手を打つためのエピソードを重ねることが、公的な機関や制度へつなぐ必要性の証明になるでしょう。

　事実を積み重ね、それと同時並行で家族への情報提供の了解や公的な機関や制度へのつなぎを認めていただけるように、感情に訴えることが肝要だと思います。

対面編　CASE・5

決められない本人に代わって、家族が預金解約を希望するケース

　預金口座の名義人（90代）のお孫さんから、預金を解約したいとの電話がありました。お客様本人の意思確認のために責任者2名で自宅に向かいました。

　自宅を訪問してみると、同居している一人娘さん（60代）とお孫さん（30代）が同席していました。本人はほぼ寝たきりで、目がほとんど見えず、こちらが話をしてもあまり聞こえていない様子でした。こちらから、解約を希望される意向や解約手続きの具体的な内容について問いかけをしても、「ない」と返答するだけでした。「自分の口座はない」「口座を解約する気がない」「何の話かよくわからない」のうちのどの意味で発言されているのかもわかりませんでした。娘さんが慌てて「解約でしょ」と声をかけましたが、反応はありませんでした。どのように対応したらよいのでしょうか。

対応のヒント

- 再度の訪問を考えておきましょう。
- 家族から本人の普段の様子を聞きましょう。
- 家族ではなく本人の意思を慎重に確認しましょう。
- 取引継続なら今後の財産管理の対応策を紹介しましょう。

　今回の訪問のように本人の意思が確認できない場合には、口座を解約することはできません。日を改めて訪問し、本人の状態の良いときに本人の意思を確認することが望ましいでしょう。最初の訪問時には、家族から、本人が解約について普段はどのように言っていたか、どんなときに本人の状態が良いか、家族が口座の解約を希望するか否かとその理由を可能なかぎり聞いておき、その内容を記録しておきましょう。話を聞いた結果、口座の解約までしなくても、預金の払戻しで足りる場合も考えられます。また、家族の発言は本人の意志ではありませんので、あくまで本人の意思を確認するときの参考にする程度の情報としておきましょう。

　再度の訪問時に本人の状態が良く、理解力が認められる様子なら、解約の内容だけでなく、中途解約による解約手数料の変動リスクにも注意して説明をし、慎重に本人の意思を確認した上で、解約手続きを行いましょう。

　取引が続く場合には、今後についても対応を検討しておく必要があります。今回の

本人の年齢や自宅訪問での様子からすると、本人の財産管理についての判断能力は相当程度低下していると思われます。そのため、本人の状態にもよりますが、本人に弁護士の代理人を立ててもらうか、成年後見制度を利用してもらうことも対応の一つです。本人や家族には、本人のかかりつけの医師などに判断能力について相談してもらったり、成年後見制度について公的な相談窓口である地域包括支援センターを紹介して検討する機会をもってもらうことが重要です。

対面編　CASE・6

本人が成年後見制度の利用を拒否するケース

　菓子舗を経営する長男が、父所有の自宅兼店舗の増改築資金の融資を申し込みに来られましたが、融資対象不動産の所有者である父親のもの忘れが強く、判断能力に疑義がありました。
　X行員が、長男に言った「もの忘れの症状について、診断をしてもらってはいかがですか」という一言が契機となって、診断結果から、長男が、本人である父親へ丁寧な説明をせずに、補助開始の申立てをしたため、家庭裁判所での面談当日に、本人が成年後見制度の利用を拒否しました。

―― 対応のヒント ――

● 成年後見制度の申立てにあたり、本人への丁寧な説明と、本人の納得が必要です。

1　ケースの概要

　5年ほど前から糖尿病で通院しているAさん。
　2年前、75歳のときからもの忘れの症状が現れて、これまで営んできた菓子舗も長男のYさんに譲っています。
　このたび、Aさん所有の自宅兼店舗を増改築しようと、Yさんが融資の話を聞きに来られました。

　X行員は、Yさんのお店でAさんと話すこともあります。Aさんは、身体は元気ですが、少し会話がかみ合わないところがありました。銀行に来られたときも、通帳を忘れたり、預金の払戻請求書への記入もよく間違えられます。そのため、X行員が、YさんにAさんの状態について尋ねたところ、この一月ほどでもの忘れがひどくなっているとの話を聞きました。
　X行員が上司に相談したところ、Aさん

の判断能力を確認してから話を進めてはどうかということでした。

X行員は、Yさんに、今回の融資について、「Aさんの今の状態では、話を進められませんので、一度かかりつけ医にもの忘れの症状について診断をしてもらってはいかがでしょうか。もし、認知症の診断がなされた場合には、成年後見制度を利用いただき、後見人や保佐人、補助人を選んでもらう必要があります」と説明しました。

Aさんはいつも通っている内科医の紹介で、近所の「もの忘れ外来」を受診をしたところ、記憶障害が強く、長谷川式の認知症スケールは22点ですが、金融機関との複雑な契約について、しっかりと対応できる状況ではないとの診断を受けました。Yさんは、早速、家庭裁判所に補助開始の申立てをしました。

後日、AさんとともにYさんが家庭裁判所に行き、家庭裁判所の調査官の面接を受けたところ、Aさんが「そんなことは聞いていない。私は、他人の世話にはならない」と言われ、申立てが受理されませんでした。

2 法定後見制度とは

法定後見制度は、本人の判断能力の程度により、成年後見、保佐、補助の三つの類型に分かれています。

成年後見の申立てに使う診断書では、判断能力についての医師の意見項目が、「①自己の財産を管理・処分することができない、②自己の財産を管理・処分するには、常に援助が必要である、③自己の財産を管理・処分するには、援助が必要な場合がある、④自己の財産を単独で管理・処分することができる」の4項目に分かれており、①が後見相当、②が保佐相当、③が補助相当、④が成年後見の申立てにあたらない基準とされているようです。

今回のケースでは、自分がどこにいるか、誰といるかということはわかるものの、記憶障害が強く、長谷川式の認知症スケールは22点であり、診断書の医師の意見では補助相当とされていたので、Yさんは、家庭裁判所の窓口で申立ての仕方を教えてもらい、補助の申立てをしたようです。

3 成年後見制度におけるインフォームド・コンセント

Yさんは、書類さえ出せば、補助の申立てが受理されると思い、Aさんに詳しい話をせずに申立てをしたのですが、これが、本人の反発を招き、家庭裁判所での面接の際に、Aさんの強硬な反対につながったものと考えられます。

成年後見制度は、以前の禁治産制度と異なり、自己決定の尊重、現有能力の活用、ノーマライゼーションの尊重と、本人保護のバランスをとってつくられた制度です。

そのため、成年後見等の申立てにあたっては、本人の意向を重視します。このケースのような補助の申立ては、本人の判断能力も比較的高いため、家庭裁判所での面接で、家庭裁判所の調査官や参与員が、本人の意向をしっかりと聞きますし、本人の同意が、補助開始の要件にもなっています。

ですから、補助開始の申立てにあたっては、本人に補助制度を利用する必要性や、補助人がどのように支援するのかを十分に説明して、納得してもらう必要があります。

Aさんは、記憶障害があり、事前に説明したことを忘れてしまうこともありますが、店に来るお客さんが落ち着けるように店舗を改装したいとか、Aさんがこの先もずっと自宅で暮らせるようにしたいなど、なぜ、成年後見制度を利用する必要があるのかという核になる部分をわかりやすく説明し、Aさんにしっかりと理解してもらった上で申立てをすることが重要です。

そのため、成年後見制度の申立てにあたっては、制度に詳しい弁護士や司法書士に相談したり、地域包括支援センターの相談員やAさんのケアマネジャーに成年後見制度の説明を手伝ってもらうこともあります。

4 金融機関の対応

X行員も、Yさんがすぐに成年後見制度の申立てをするとは考えなかったと思われますが、成年後見制度の利用については、本人への説明を十分行い、本人が納得することが重要です。

Aさんの生活支援のための制度の利用であることをYさんに理解してもらうためにも、金融機関としては、病院への受診の依頼だけでなく、地域包括支援センターに相談することや、成年後見制度に詳しい弁護士や司法書士を紹介するなど、もう少し丁寧な対応を心がける必要があります。

今回のケースでは、少しAさんの様子をみながら、AさんとYさん親子の信頼関係を取り戻すことが肝要です。なお、成年後見制度の申立ては、一度不受理になれば二度とできないというものではありません。Aさんとの信頼関係を取り戻した上で、その時点でのAさんの状態に応じた法定後見開始の申立てができます。Yさんとしては、Aさんと自宅兼店舗の改装の必要性を話し合い、Aさんに納得してもらった上で、地域包括支援センターや法律家の助けを受けて、法定後見開始の申立てを考えるように促すことが考えられます。

対面編 CASE・7

家族間に意見の対立があり、本人が特定の家族の言いなりになっているケース

認知症が疑われる高齢のAさんが、娘さん二人それぞれの意見に対し、言いなりの状態になっています。

長女は、Aさん名義の口座の取引解消を希望、次女は取引継続を希望しています。

本人はそれぞれの娘さんと別々に来店しては、それぞれの要望どおりの手続きを希望しています。

二人の娘さんに同席してもらい話をすることを提案しましたが、それも不調に終わりました。

---- **対応のヒント** ----

● 金融機関としては、本人の意思を確認して手続きをすることになりますが、短期間で発言が変わるときは、まだ本人の意思が確定しているとはいえないと思われます。

1 ケースの概要

Z次長は、若いころ、Aさんのご主人が経営する会社を担当していました。

その頃のAさんは、明るい性格で、会社の経理を切り盛りしていましたが、久しぶりにこの支店に赴任して、Aさんの元気のなさを気にしていたところ、窓口係のX行員から、Aさんの件で相談があると言ってきたので、話を聞いてみました。

X行員によると、今回は、当行との取引の解約をめぐり、長女と次女の意見が異なり、Aさんもコロコロと気持ちが変わって、困惑しているとのことです。

X行員がAさんに意向を聞こうとしても、長女が横から口を挟むため、Aさんの意向が聞けずにいました。ちょうどそのときに、Aさんの次女から電話が入り、「長女が母とそちらに行っていると思うが、長女は、母の財産を狙っており、預金の解約はしないでほしい」と言ってきたので、その場で、長女に電話口に出てもらうと、Aさんとともに帰って行かれました。

翌日、Aさんが次女と来店したときは、「Aさんが『取引は続けたい』と言っていますがどうしましょう」とX行員は悩んでいました。

Z次長が、後日、Aさんが次女と来店したとき、応接室に二人を迎え、話を聞いてみました。

Z次長の若い頃、Aさんのご主人に叱られたときにAさんがとりなしてくれた話な

ど、若い頃の思い出話をしていると、Aさんの表情も生き生きとしてきました。

Aさんは、「このところもの忘れも多くて、ときどき薬も飲み忘れます」「耳も遠くなってきて、今はまだいいが、これからのことを考えると不安です」との話が出て、もう少し話を聞くと、長女も次女も近くに住んでいるのですが、一人暮らしの不安を訴えています。

2 金融機関の対応

上記のとおり、Aさんにはある程度の判断能力があるようです。

ただ、長女と次女の意見が異なることから、Aさんの判断も揺れているようです。

金融機関としては、本来、Aさん本人の意見を聞く必要があります。まずは娘さん同士で話し合ってもらい、Aさんの意見が変わらないことを確認できないと、口座の解約もできないことを説明し、了解いただくことになります。

次女の話から、Aさんに対する長女の経済的虐待が疑われます。次女の感情的な発言かもしれませんが、Aさんの取引状態については、見守る必要があります。

見守り中の対応にあたっては、「今すぐ活かせる！ ケース・スタディ２」(⇒p.41)の項目を参考にしてください。

Practical Guide for Dementia
friendly Financial services

4-2

金融機関の困りごと
〔訪問編〕

4-2 金融機関の困りごと【訪問編】

訪問編 CASE・1
長くお付き合いのある顧客宅を訪問したら、以前と様子が違うケース

　少し前にご主人を亡くし、一人暮らしの高齢女性。お子さんは二人いますが、遠方に住んでいます。もともとしっかりした性格で、身なりも良く、ガーデニングが趣味です。庭には四季ごとに花が咲き、室内はきれいに整頓され、花瓶にはいつも新しい切り花が飾られていました。

　初夏のある日、女性に連絡をして保険の確認にうかがったら、庭は荒れ、冬物の寝間着を着用、室内も書類や食べ残しの袋などが混在し、雑多な感じでした。花瓶の花は枯れ、台所からは異臭もしています。

　女性にどうされたのかと話を聞くと、「そうですか、こんなものです、大丈夫」と何を聞いても、以前のようなはっきりとした返答はありません。

　現在の保険の内容を説明し、希望をうかがうものの、「そうですか、まあまあ、それでいいです」など、適切な理解や返答は難しい様子があります。

　隣の部屋には、大量の羽毛布団があり、そのことを聞くも、同じようにしっかりとした返答はない状況です。

　お子さんとは、以前からお会いして、知っていますが、どうしたらよいでしょう。何が起こっているのでしょう。

――― 対応のヒント ―――

　金融機関にとって、顧客の今までとの違い、普段との様子の変化がわかること、家族と信頼関係ができていることは、とても大きな強みです。

　この場合、意欲低下、実行機能の低下、理解力の低下が感じられます。そのため、現状の理解、把握は難しく、自分のおかれている状況、例えば消費者被害の当事者かもしれない

80　実践！認知症の人にやさしい金融ガイド

などの判断力も乏しい可能性があります。

まずは、高齢者本人に家族へ連絡することを伝え、現状を少しでも早く報告し、警察への対応も含め悪徳業者に狙われない生活の体制をとることが不可欠です。

それとともに本人や家族の希望を確認し、生活上の困りごとを把握し、現状の改善と将来の安心を得るべく関わりをもってもらう地域包括支援センターなどの高齢者の公的窓口や、医療、地域の助け合いなどへつなぐお手伝いも必要だと考えます。

そのような対応の後、金融機関も顧客の重要な支援者の一機関として、引き続き見守り、必要なときは他の公的機関との連携もお願いしたいものです。

今までとの違い "訪問時の気づきのポイント"

㋐ 生活環境での気づき
- ゴミがあちこちにあふれている。レジ袋に入った得体のしれないものが複数ある。異臭がする。
- 植木の手入れがされず、枯れている。枯葉などが家や道を覆っている。
- 玄関で異臭がする。部屋が整理されていない。靴や物で乱れている。砂やほこりが多い。
- 自動車に多くの傷があったり、ガレージに汚れや傷みがあったりする。

㋑ 会話での気づき
- 話のつじつまが合わない。繰り返し同じことを言うが、聞き返してもわかっていない。具体的な話を聞いても、「そこそこ」「まあまあ」「それでいい」など、主体的な話や詳細についての理解が乏しい。

㋒ 身なりでの気づき
- 以前は訪問時にきちんとしたものを着ていたが、最近、寝間着になっている。
- 化粧をしなくなった。ひげをそらなくなった。髪の毛を整えない、伸び放題。口臭が強くなっている。
- 季節に合ったものを着なくなった。
- 衣類に汚れやほつれ、体からお風呂に入っていないような異臭がする。

【訪問を主とする金融機関のメリット・デメリット】

① **メリット**
・長年、同じ担当が訪問する⇒顧客や、家族と信頼関係が築け、近隣からも疑われにくい。また不審な人の出入りにも気づく機会がある。

- 長年の付き合いや写真から家族構成、力関係がわかる⇒顧客や家族との距離が近くなりやすく、いつものおしゃべりの感覚で、個人情報〔家族の連絡先（壁に貼ってあったり、電話機のあたりに電話帳があったり）〕なども知りやすく、また顧客に聞きやすく、同意がとりやすい。他にも、家族同士の会話の変化や、距離感、緊張感などもダイレクトにわかりやすい。金融機関の訪問が家族の間に入って外の風を入れることになり、高齢者虐待の予防につながる。
- 自宅のゴミや、自動車の汚れや傷などから生活環境がわかる。⇒意欲低下、段取りや手順を遂行する力の低下などの異変に気づきやすい。自動車に傷が多かったり、壁をすっていたりしていること（事故）も発見する機会になり、認知力、判断力、危機管理能力がわかる。
- 室内にあるものなどから生活がわかる⇒生活状況の変化：重要な書類があちこちに散らばっていたり、督促状が複数あったり、お金が新聞などとまぎれていたり、印鑑や通帳はもちろん、大切なものがきちんと整理されていない場合は、理解力や判断力が低下している可能性がある。他にもこたつ布団や布団に焦げ跡があったり、鍋が真っ黒だったり、火器の周りに燃えやすいものがあるなどの場合は、注意力、整理整頓力の低下、火災の危険性が考えられる。
- 金融機関のように顧客にとってはアウェイではなく、ホーム⇒日常生活の場での面接になり、緊張感が薄れ、心身が安定しやすい。とりとめのない会話から重要な話を引き出しやすい。

② **デメリット**
- 長期間、単独での訪問⇒複数の目がないことや、顧客や家族との距離感が近くなりやすく、客観性が保ちにくい。かえって認知症の話などがしにくい。物盗られ妄想の対象になった場合、無実の証明をしにくい。

訪問編 CASE・2

長くお付き合いのある顧客が、保険料を滞納するケース

　数十年来お付き合いがある顧客の高齢夫婦。結婚から、お子さんの誕生、入学、ご主人の交通事故、奥さんの病気、そして老後資金まで、人生の悲喜こもごもをともに歩んできました。現在、二人のお子さんは、遠方に住んでいます。

　そんなある日、夫婦の保険料の滞納が起きました。

　まずは電話で連絡をし、奥様に明日の訪問の了解を得ました。次の日に訪問するも、奥さんは昨日の電話を覚えておらず、ご主人もびっくりしています。

　「何かの勘違いかもしれませんが、実は…」と言い、保険料のお支払いが滞っていることを伝えました。

　すると、ご主人は「いつも妻に任せていますから…」と言い、奥さんは「はいはい、ごめんなさいね、すぐに入れますね」と言いました。

　その後、何日経っても入金はありません。電話をして事情を聞くと、悪びれることなく、毎回初めて聞いたような反応をして、ご主人も同じような返事です。

　このままでは、保険が失効してしまいます。

　お子さんに連絡をとったほうがよいのでしょうか。どうしたらよいでしょう。

―― **対応のヒント** ――

　顧客やその家族にとって、人生における万が一の備えは、大きな安心感につながります。金融機関が顧客とともに歩む役割はとても大きく、非常に大切なものです。しかし、保険料の支払いなどの条件が満たされないときは、せっかくの長年の積み重ねが水泡と帰すことになりかねません。

　この奥さんの場合、記憶力、理解力の低下がうかがえます。そのため、同じことを伝えても毎回初めて聞いたように反応し、悪気なく話をすると考えられます。

　本ケースのご主人は、記憶力や理解力の低下ではなく、今までの生活習慣から、家事すべてを奥さんに任せている可能性があります。保険どころか、家計はもちろん、お箸やお皿1枚まで、どこにあるのか、どうなっているのか、すべてを奥さんに任せて全く知らないことがあります。このような場合を考えると、ご主人が認知症であるか否かはわかりませんが、少なくとも奥さんの判断能力が衰えているという認識はないようです。

　まずは、金融機関の部署内で報告し、上司へも相談し、対応方針を検討しましょう。

そして、できるだけ早く、夫婦の少なくとも一方に、お子さんに連絡することを伝えて了承をもらい、お子さんに報告しましょう。

　夫婦は了承したことを後で忘れてしまう可能性があります。そのため、夫婦からお子さんの連絡先を教えてもらうなどして了承をもらったときの状況は、記録しておきましょう。夫婦とお子さんには、併せて高齢者の公的窓口である地域包括支援センターの情報などをお伝えして、夫婦への支援の方法があることを知っていただきたいところです。

　特に、保険が失効するような期日があり、それを過ぎると本人に大きな不利益がある場合は、電話や手紙、FAX、メール、電報なども駆使し、お子さんへの連絡をお願いしたいものです。暮らしで困っていることについて、地域でも助け合っていただければ、本人やお子さんも安心感が高まるでしょう。

　そのような対応の後、金融機関も顧客の重要な支援者の一機関として、引き続き見守り、必要なときは公的機関への連携もお願いしたいことは、「金融機関の困りごと〔訪問編〕：ケース１」（⇒p.80）と同様です。

　お子さんへの連絡が難しい場合には、地域包括支援センターに相談することも考慮してください。詳しくは、「今すぐ活かせる！ ケース・スタディ１」（⇒p.30）の「金融機関の対応方法のポイント」や、各専門職からのアドバイスを参照してください。

訪問編 CASE・3
長くお付き合いのある顧客が、最近、自動車事故を頻繁に起こすケース

　50代の夫婦と高校生と中学生のお子さんの4人暮らし。

　ご主人は会社員で奥さんは週3回ほどパートで働いています。

　ご主人はとても自動車好きで、独身のときから保険に加入し、家族が増えるたびに生活スタイルに合った自家用車へ乗り換えてきました。

　ところが、ご主人が最近よく自動車の自損事故を起こし、保険の支払額が上がっています。

　とても大切に乗っていた自家用車は傷だらけです。車両保険も入っていますが、奥さんは保険料が高くなると困っています。

　心配になって自宅を訪問し、ご主人に事故原因を尋ねると、「なぜだかよくわからない」と言われ、明確な返答はありません。

　奥さんに聞くと「助手席に乗っていると、以前と違って行く先や道を忘れたり、急にUターンしたりするので怖いんです。でも私は運転できませんし、買い物や受診時は助かるので、つい頼んでしまいます」とのことでした。

　ご主人の体調が悪いときだけ、そのようなことがあるのか。それとも、ずっとこのままの状態なのか。もし事故を起こしてしまうような状態のご主人が運転されると、人を巻き込んだりして大事故になる可能性もあり、運転を中止されるようすぐに説明をするべきなのか。

　運転をやめると、生活に困られることも想像でき、どのようにお話をしたらよいか悩んでいます。

　認知症になるにはまだまだ若いご主人に、いったい何が起こっているのでしょうか。

　どうしたらよいでしょう。

対応のヒント

　認知症のある人が、ときおり自動車事故を起こす。こんな悲しいニュースが流れていることはみなさんもよくご存じだと思います。みなさんは、その認知症がある人は高齢者だろうと思うのではないでしょうか。

　このご主人は高齢者ではありません。若年性認知症の疑いがあります。

若年性認知症とは65歳未満で発症する認知症のことです。65歳以上で発症する認知症は、アルツハイマー型認知症が6割以上を占めますが、65歳未満では、脳梗塞や脳出血による血管性認知症が最も多くを占めます。働き盛りの時期の発症のため、収入が途絶えてしまったりして家族への経済的影響も大きく、介護する家族の6割にうつ状態がみられたという報告もあります。ただし、65歳未満で認知症を発症することは割合としては少ないので、認知症と似た症状がみられるうつ病や脳炎、甲状腺機能低下症などがないかを、高齢者の認知症以上にしっかりと鑑別することが必要です。そういう意味でも医療機関に早くかかることが特に重要です。

　一般的に認知症のある人は、体調の波に運転操作が左右されたり、体の動きが遅くなって運転動作が遅くなったりします。また、運転中に注意散漫になりボーッとする、いつ・どこで、といった日時や場所、経路などを思い出せないなどがあります。他にも空間的な位置関係の把握が悪くなり、センターラインをはみ出す、駐車や幅寄せがうまくできなくなり、今回の事例のように事故も多くなります。

　認知症は高齢者だけの病気ではありません。見た目年齢だけで認知症ではないと判断することは、見立てを誤ることになるため、注意が必要です。

　まずは、部署内で報告、上司と相談し、対応方針を検討しましょう。夫婦に今までのことを振り返ってもらい、ご主人の状態に何かが起こっていることを認識してもらった上で、「念のために、健康診断のつもりで診てもらったほうが安心ですから」などと提案して、専門医の受診を勧めてみることも大切です。長年のお付き合いがあり、夫婦と信頼関係ができているからこそ、親身になって相談を受け、提案できることではないでしょうか。

　そして診断が出て、何かの治療が必要な場合は、夫婦に経済的な支援が必要になるかもしれません。保険金の給付やその他の相談にのっていただくことが夫婦にとっての支援となります。夫婦にとっては、生活の選択肢が増え、生活の安心、安定にもつながることでしょう。

　それとともに、夫妻には、生活上の困りごとを相談できる地域包括支援センター（若年：40歳以上65歳未満の人でも認知症の場合は対象となります）や、医療や精神面での相談ができる保健センターなどの公的窓口の情報を提供しましょう。医療、地域の助け合いなどにつなぐお手伝いも大切です。

　さらに病状が進んだ場合は、自賠責保険だけではなく、生命保険、年金、住宅ローン、火災保険などの相談も必要になることもあり、金融機関のフルメンバーの協力が、顧客やその家族にとって力強い支援となることでしょう。

Practical Guide for Dementia
friendly Financial services

5 金融機関が準備できること

5 金融機関が準備できること

「金融機関の困りごと」の中の多くのケースでは、他の機関とどのようなタイミングで、どのように連携をとっていけばよいのか、という観点をもとに顧客対応をお伝えしました。

ただ、現場としては、顧客対応中に「この人は認知症かもしれない」と気づくきっかけが特に見あたらないように思える場合や、目の前の顧客が認知症かどうかはっきりとはわからない場合が多いでしょう。このようなときでも、金融機関が対応を準備できることがたくさんありますので、この章でご紹介したいと思います。

まず、業務上の対応があります。通常業務の中で注意が必要となる、高齢の顧客とリスク性商品の売買のケースを取り上げて、あるべき対応をみていきましょう。

つぎに、組織上の対応として、金融機関が準備できる対応を提言します。

それでは順番に検討していきましょう。

 ❶リスク性商品の売買を行う場合

　これまでにも投資信託でリスク性商品の売買を行なってきた70代後半の男性。以前、保有していた投資信託はすでに売却済みで、今回は定期預金300万円が満期を迎えるので、新規で日本国内の株式についての投資信託の購入を検討しています。これまでにも取引の経験があり、やりとりも特に問題がなさそうなので大丈夫だと思っていますが、気をつけたほうがよいことはあるのでしょうか？

--- 対応のヒント ---

　今回の顧客は70代後半の男性ですから、年代からみると高齢者です。その年代は認知症などのために金融取引の判断が難しくなっている人も少なくないと思われます。他方で、同じ年齢の方でも個人差がある上に、これまでの経歴、金融取引の経験などによって、理解・判断できることが異なります。

　対応する側としては、会話のやりとりに特に問題がなさそうだと思っていても、どこか気をつけたほうがよいのではないか、と感じるのは自然なことでしょう。特に、リスク性商品の売買を希望する顧客に対応する場合にはどのような点に気をつけたらよいのでしょうか。法律、医学、コミュニケーションの観点で考えてみましょう。

1 リスク性商品と高齢者：法律的観点から

　リスク性商品といっても、その商品の内容は多種多様です。様々な商品の内容の中で、一般的に顧客にとって重要になる判断要素は、取引額、変動リスクの大きさ、です。

　リスク性商品のリスクの内容も多様ですが、その中でも最も慎重に取り扱うべきリスクが2点あります。それは、本人の財産を毀損する可能性のある元本割れリスクと仕組預金のような中途解約制限による資金拘束リスクです。

　これらのようなリスクの存在を前提に、銀行・証券会社等は、金融商品取引業者等として「顧客の知識、経験、財産の状況及び金融商品取引契約を締結する目的に照らして不適当と認められる勧誘」を行なってはならないとされています（金融商品取引法40条1号）。このルールは「狭義の適合性原則」と呼ばれています。

　顧客保護の観点からは、不適当な勧誘をしないという「狭義の適合性原則」よりも、広範囲に行き渡るルールがあります。それは、金融商品取引業者は、顧客の知識・経験、財産力、投資目的にふさわしい説明をした上でないと勧誘を行なってはならない、というものです（金融商品取引法38条8号、金融商品取引業等に関する内閣府令117条1項1号参照）。これは、「広義の適合性原則」と呼ばれています。

　実際のケースでは、このような狭義の適合性原則（不適当な勧誘をしない）や広義の適合性原則（顧客にふさわしい説明をする）に適合した勧誘が行われているかどうかを判断していくことになります。

　特に、高齢の顧客に対応するときには、狭義の適合性原則（不適切な勧誘をしない）の観点からすると、来店時の会話などから早期に判断能力が十分でない人を識別する必要があります。

　これらの両原則に適合しているかどうかは、金融機関が独自のルールを厳格に規定

していない限り、結局は、顧客の知識、投資経験、資産の状況、投資目的、問題となる取引額、販売する商品の性質などをもとに、判断していくことになります。

　もっとも、いずれの適合性原則も言葉だけでは明確な基準とはいえないので、基準に適合しているかどうかの見極めは簡単ではありません。上記に挙げた要素を確認事項として把握しておくことが有益です。また、把握した確認事項を実際に確認していくときにも注意が必要です。高齢者の理解力の個人差は大きいので、高齢顧客の状況を一つひとつ慎重に確認することが極めて重要です。

　例えば、顧客に投資経験があっても鵜呑みにしてはいけません。その投資経験も理解力がなく、勧められるままに購入して偶然に損をせずに積み上がってきただけの可能性があります。金融機関が顧客の投資経験を確認するときには、過去に大きな損失を被った経験（リスク現実化）があるかどうかを確認することが最も重要です。

　その他、上記の確認事項を実際に確認していくときに参考になる顧客の「年代」に関しては、一つの考え方として、70代の人には注意をして意思と能力の確認をしていく、80代以上の人にはリスク性商品を販売することは極めて慎重に確認して臨む、という対応がありえます。この考え方で検討すると、今回のケースは70代後半なので、80代に近づいた70代の人ということになります。一般的には相当注意して個別対応する必要があります。

　新規取引だけでなく、再取引の場合について考えてみましょう。例えば、保有している金融商品の売却の場合は、新規の取引の勧誘とはいえません。このような場合であっても、高齢者に対しては、そのつど、個々の行為についての判断能力の有無をチェックする必要がありますので、新規勧

コラム 「適合性原則」はどこからきたのか？

　最高裁判所第一小法廷平成17年7月14日判決。この判決は、証券取引に関し、「証券会社の担当者が、顧客の意向と実情に反して、明らかに過大な危険を伴う取引を積極的に勧誘するなど、適合性の原則から著しく逸脱した証券取引の勧誘をしてこれを行わせたときは、当該行為は不法行為法上も違法となると解するのが相当である」と判示し、適合性原則について判断しています。その後、この最高裁判決をきっかけとして、主に金融取引において下級審裁判例も蓄積され、本文で挙げた金融商品取引法の条項の中に現れるようになりました。

誘と同様の慎重さが必要です。特に、再取引で、既存の取引における顧客情報が保存されている場合は、投資方針・取引動機・投資経験に関する既存の顧客情報と現在の顧客の意向の異同とその理由を質問して、そのつど照らし合わせておく必要性が高いです。

　実際のコミュニケーションでどのように確認していけばよいのか、その気をつけるべき点は、後の「3．高齢の顧客に対応する上での留意点：コミュニケーションの観点から」を参照してください。

2 金融リテラシーと認知機能の関係性：医学的観点から

　金融取引などの経済活動を行う上で、認知機能以外にその人のもともとの金融リテラシー（お金に関する知識や経験）のレベルも大いに影響します。たとえ認知機能が低下していても、金融リテラシーが高い人の場合は、問題なく金融取引が行える場合があります。一方、金融リテラシーが低い人の場合、簡単な金融取引でも認知機能低下によってできなくなってしまう可能性があります。したがって、これまでの投資経験の有無や内容を十分把握しておくことが必要です。

　ただし、金融リテラシーが高くても、やりとりの中で認知機能の低下を疑う言動がみられる場合は、投資信託などのリスク商品の販売などはやはり慎重にすることが望ましいでしょう。金融リテラシーが高く、

その場の判断や手続きは問題なくできたとしても、認知機能の低下によって手続きしたことを覚えていなかったり、思考に一貫性がなくなったりすることはありえます。

　金融リテラシーや認知機能レベルを多面的に捉えることは難しいですが、基本的には、本人がどの程度、取引内容（メリット、デメリット含め）を理解しているか、選択の理由などを自分の言葉で説明していただくことで推定することが可能です。（⇒p.23「③意思決定能力とは」参照）

3 高齢の顧客に対応する上での留意点：コミュニケーションの観点から

●開かれた質問で顧客から説明

　契約時に、ちょっとしたコツで本人の理解度を確認することができます。開かれた質問といって、契約者本人に「はい」「いいえ」以外で答えていただけるような質問を投げかけ、本人に契約の内容を直接説明してもらうことが有効です。

●顧客からの質問

　また、判断能力がしっかりしている人は、自分の財産の増減に強い関心をもっているため、リスクなどについて積極的に質問する方が多くみられます。逆に質問しない場合は注意が必要です。

●危険な言葉「すべてお任せします」

　顧客から「すべてお任せします」と発言されたときは、最大限の警戒が必要です。

顧客本人が、独自の前提条件（例：「損をしない限りは『すべてお任せする』」など）を心に秘めたまま、説明の理解・記憶・自己責任を意識から捨て去ろうとする可能性が高いといえます。「すべてお任せします」という内容の発言は、後で突然撤回する可能性が極めて高い、最も危険な言葉です（法律家が最も警戒する言葉です）。

● 迎合性

　認知症の人には理解していなくても「はい」と返事をするという傾向があります。責任者の方が電話などでダブルチェックを行う場合、こちらから読み上げた内容に対して質問し、「はい」と返事を得るだけでなく、契約の内容や当該商品を選んだ理由、メリットやデメリットなどを、本人の言葉で説明してもらう質問を組み込むと安心です（参照：後述の会話例）。

　認知症の顧客は、判断能力が低下すると抽象的な概念の理解が十分にできないことがあります。そのため、顧客に説明する際に、まだ現実化していないリスクについては、発生確率などの数値を告げるだけではなく、顧客がリスクの頻度を実感できるように具体的に説明する必要があります。

● つじつま合わせ

　認知症の高齢者は、過去の記憶に基づくキーワードを並べて、理解していない話題でも会話を成り立たせる可能性があります。そのため、商品を販売する場合には、新知識となるその商品をもとに、デメリットを説明してもらった上で、なぜそれでも購入するのかを説明してもらうとよいでしょう。その上で、その説明がどんな商品にもあてはまるような、あたり障りのない説明でないかを慎重にチェックしましょう。

● 対面の確認の重要性

　電話による意思の確認は、表情が見えないため、回答の真摯性の確認が甘くなりがちです。金融商品の販売時やその後の取引の意思決定時に、顧客の様子の変化を感じた場合には、電話よりも対面による意思決定の確認を重視したほうがよいでしょう。

例えば、こんな"会話例"はどうでしょう

【通常の確認シーン】

……それでは、念のため、ご説明した点を確認させていただきますと、満期の定期預金300万円を普通預金に入金のうえ、そのご資金で投資信託○○を購入させていただきます。よろしいでしょうか。

はい、結構です。

基準価額は変動するため、換金する際の時価によっては元本割れする可能性があること、投資信託は預金ではないため元本保証がないことにご注意ください。

はい、わかりました。

他にご不明な点はございますか。

結構です。よろしくお願いします。

本人の発言を引き出すよう工夫してみると…

【本人の発言を引き出す会話例】

……それでは、念のため、ご説明した点を確認させていただきます。今回購入を希望された内容をご説明していただけますか。

定期預金の300万円を使って、投資信託○○を購入します。

ありがとうございます。この投資信託○○は元本保証についてはどのような内容になっているでしょうか。

元本割れするリスクはあるってことですよね。

はい、そのとおりです。どんなときに元本割れするリスクが発生するでしょうか。

色々考えられますが、例えば〇〇の株が…のときですよね。

はい、そのとおりです。こちらのリスクについてご了承いただけますでしょうか。

はい、わかりました。他に私が気をつけたほうがよいところはありますか。

可能性は低いですが……のときも元本割れのリスクが生じます。
他にご不明な点はございますか。

わかりました。お願いしようと思います。

ありがとうございます。先ほどご理解いただいたリスクはありますが、購入されるということで、どの点を重視されていますか。

なんといってもこの商品は〇〇の点が魅力的ですしね。よろしくお願いします。

❷金融機関の組織的な対応方針について

　日本における認知症高齢者の貯蓄総額は50兆円にも上ると試算されています（小松, 2017）。これは日本の金融機関が、例外なく認知症顧客を抱えていると推察するに十分な金額で、実際ある全国銀行が行内調査したところ、認知症絡みのトラブルを抱えていない支店は皆無に近い状況でした。

　高度で複雑な判断能力を顧客に求めることの多い金融セクターは、おそらく認知症問題の拡大に最も深刻な影響を受ける業界です。他方、お金を扱う金融機関の判断は顧客の生活に大きな影響を与えるため、昨今とみに注目されている「顧客本位」の姿勢を突き詰めていけば、人権配慮の視点を業務に取り込む必要性も出てきます。金融界はこれまで必ずしも正面からこの問題に取り組んできませんでしたが、もはや業界としても個々の企業としても本格的な対応は、待ったなしの状況に来ています。

―― 対応のヒント ――

1 認知症サポーター養成講座の受講

　認知症サポーター養成講座の受講は、金融機関にとって認知症問題への取り組みの第一歩です。認知症サポーターとは、認知症を正しく理解し患者やその家族をできる範囲内で手助けする応援者のことですが、自治体や地域包括支援センターなどに要請すれば無料で講師の派遣を受けることができます。そのため、支店単位で養成講座の受講を進める金融機関が増えています。金融機関の職員は認知症サポーターになることで、接客時にパニックにならず落ち着いた対応ができるようになります。ある大手銀行によると、全国の支店で講座の受講を進めた結果、緊急時の本部への問い合わせ件数が劇的に減少したということでした。

2 外部機関との連携

　金融機関は外部機関との連携、中でも近隣の地域包括支援センターとの連携を今後積極的に進めていく必要があります。その効用は様々です。例えば一人暮らしの不安などから感情が不安定になり、窓口で激昂したり長時間ロビーに居座ったりする高齢者への対応として、地域包括支援センターに連絡し、職員が定期的に往訪することになったことで事態が解消したという事例が挙げられます。日頃よりコンタクトをもてば、いざというときに的確なアドバイスが得られます。同じ地域に相談できる専門職がいることは、金融機関にとっても心強いに違いありません。

　こうした連携を先導する自治体も現れて

います。例えば東京都は、民間事業者との間で「高齢者等を支える地域づくり協定」の締結を進めており、金融機関の参画も増えています。本協定には、「日常業務の中で高齢者の異変に気づいた場合、ケースに応じて区市町村や地域包括支援センター等の見守り専門機関、警察・消防に」連絡することが謳われています。公的な枠組みの下、どのような事態に誰に何を連絡すればよいのか、ノウハウの蓄積も期待されるところです。

3 組織的対応とガイドラインの策定

英国アルツハイマー協会は、金融当局や業界団体、英国を中心とした大手金融機関と連携し "Dementia-friendly Financial Services Charter"（認知症の人にやさしい金融サービス憲章[※]）を公表しています。本憲章では「認知症による社会問題を認識し、組織の上層部から『認知症チャンピオン』を任命」し、経営トップが認知症問題に主体的に関与し、組織的な対応を推進することを推奨しています。

認知症顧客との取引については、通帳紛失など店頭でのトラブルから複雑な財産管理上の問題まで様々な問題が起きています。それに伴い、法律、医学、福祉などの知見をふまえた総合的な判断が求められるケースも増えており、日本の金融機関においても経営層（認知症チャンピオン）の関与が不可欠になりつつあります。また、個

人業務の統括部署や事務指導部、法務・コンプライアンス部、リスク統括部、CS部、CSR部など関連する部署が横断的に対応方針を検討する体制の構築も必要です。

専門的な知識をもち、緊急性の高いトラブルに対し的確な指示をリアルタイムに出すことのできる専門部署の設置も検討課題です。こうした専門部署は、営業現場の認知症サポーターを束ねる役割を担うとともに、事務取扱指針の改訂などを通じ、実質的な認知症顧客への対応ガイドラインの策定に主体的な役割を担うことができます。当ガイドは、こうしたガイドライン策定に鋭意ご活用いただきたいと思います。

4 認知症に対応した金融商品・サービスの開発

上記の「認知症の人にやさしい金融サービス憲章」では、「事業プロセスや製品の開発・修正にあたり、認知症のお客様のニーズを取り入れる」ことが推奨されています。成年後見制度等の利用促進を進め、認知症高齢者の資産をしっかりガードすることは当然ながら重要です。しかし、認知症患者の保有する50兆円という巨額な資産をデッドストックにすることは国富の毀損にもつながります。大変難しいテーマではありますが、金融機関には顧客の意思決定能力の低下を補う革新的な金融サービスの創造も望まれます。

※（出典）国際大学GLOCOM「認知症の人にやさしいまちづくりに関する研究」サイト http://www.glocom.ac.jp/project/dementia/42

●引用文献
- 飯干紀代子. 今日から実践 認知症の人とのコミュニケーション：感情と行動を理解するためのアプローチ. 中央法規出版, 東京, 2011.
- Grisso T, Appelbaum PS. Assessing competence to consent to treatment: a guide for physicians and other health professionals. Oxford University Press, New York, 1998. 北村總子, 北村俊則 (訳). 治療に同意する能力を測定する 医療・看護・介護・福祉のためのガイドライン. 日本評論社, 東京, 1-208, 2000.
- 小松紗代子. 社会動向レポート 認知症高齢者の日常生活自立度別検討：認知症の人への金銭管理の支援実態と課題. みずほ情報総研レポート. 13. 2017.

●参考文献
- Alzheimer's Society. Dementia-friendly financial services charter. 国際大学グローバル・コミュニケーション・センター (GLOCOM), 認知症フレンドリー・ジャパン・イニシアティブ, 株式会社富士通研究所 (訳). 認知症の人にやさしい金融サービス：金融サービスをご利用になる認知症の方々のお客様体験を向上させる憲章. (http://www.glocom.ac.jp/project/dementia/42)

認知症顧客対応べからず十三ヵ条

一.　繰り返し同じことや、つじつまの合わないことを言われても否定するべからず。

　その内容は忘れても、否定されたときの負の感情は残ります。

二.　説明時に言葉だけに頼るべからず。

　表情は心の窓であり、ジェスチャーや、図解、大きい字の記載は口語の言葉の壁を乗り越えることがあります。

三.　沈黙を恐れるべからず。

　顧客の沈黙は、考えたり、困ったりして次の言葉をつむぐために必要な時間かもしれません。その後の言葉は、意味があると思います。その沈黙を焦って埋めようとせず、見守ることも大切。また行員も顧客への説明をするときに、流れるように行わず、ゆっくり一言一言伝え、ときには一旦止めて、沈黙を使うと有用な場合があります。その沈黙は、顧客がそれまでの行員の話を少し考える時間や次の言葉を待つ心構えにもなります。沈黙後に重要な話や言いにくい事柄をもって行くと、その理解や重みが増すこともあります。

四.　ことさらに仰々しく行うべからず。

　認知症などで理解力や判断力の低下した顧客に対して、通帳や印鑑の喪失や詐欺被害、金融機関へのあらぬ疑いをはらすための説明などを、複数人で膝を突き合わせて物々しく説明したり、様々な証拠を提示したりしても、理解や記憶は難しく、かえって威圧感や恐怖感が残るだけになる可能性があります。あっさり、短時間で、簡単に説明をし、負の感情をもたれることを避けます。優先されるべきことは、いかにして気持ちをリラックスしてもらい、家族への連絡の了解をとることだと思います。具体的には「ご家族へ、いつもお世話になっていますので、ご挨拶をさせていただきますね」「今回、お一人おひとりのご家族へ当行の自己紹介をさせていただいております」「今回、キャンペーンをしておりまして…」などと明るく、楽しい雰囲気で伝えることが、必要な情報提供の了解につながると思います。

五.　長時間の対応はするべからず。

　認知症のある方は、少しのことでも脳にかなりの負担がかかります。長時間の対応は体力、集中力を奪い、さらに理解力、記憶力が低下し、混乱を招くことがあります。一旦、打ち切り、仕切り直すことも有効です。

六.　顧客や家族への説明は、一通りでは済ますべからず。

　伝えた内容をある程度まとめて話したり、最後にどんな内容を伝えたかを再度確認することが、理解を進めたり、理解度の物差しにもなったりします。

七.　失せ物の発見は、行員が先んずべからず。

　　顧客が見つけるようにします。行員が見つけると隠したと思われてしまうことがあります。

八.　記録は、ただ事象を物語のように記載するべからず。

　　通常とは異なる特別な対応をしたときには、客観的なこと、考察、次の予測などを切り分けて記載しましょう。次のときにはその経過を全員で共有し、誰が対応してもわかるようにしたいところです。

九.　顧客やその家族からの無理なお願いは、できるだけ対決するべからず。

　　意思確認ができないときや、制度上や法律上などでできないことを依頼されることがあるでしょう。そのときは、「お気持ちは重々理解いたしました。せっかくご希望いただきましたのに、残念ながら制度上、もしくは法律上、対応できかねます。お客様のご意見は、〇〇庁や△△協会へ大切なご意見として申し伝えます。しかし、□□制度をご利用いただければ、対応が可能になると存じます」などと、感情に訴えかけ、断るだけでなく、上級・管轄部署へ伝えていくなどの誠意を見せましょう。さらに、顧客やその家族と同じ側に立つ意識で説明し、さらに対応方法（そのメリット、デメリットを簡潔に説明）を提案することが大切です。

十.　事務的な説明や複雑な選択肢を使うべからず。

　　淡々と説明することは冷たい印象をもたれることがあります。特に、気持ちは共感するが、対応できない場合は、行員としても「つらい」「困った」「本当に申し訳ない」という表情やアピールをしましょう。また、多種類の選択肢や複雑なことは混乱を招きやすいでしょう。その場合には「他にも同じような状況の方がおられ、このような方法ならこうなり、もう一つの方法をとるとどうなるか」などの「一般化」と「少ない選択肢での損得」の説明をしましょう。この説明は、ある程度理解はできても納得できない、という心境の顧客や家族の気持ちを少しは鎮めることにつながります。「気持ちはわかってもらったようだ…仕方がない、それなら…」という一定の落としどころへ向かえるかもしれません。

十一.　認知症は高齢者だけの病気だと思うべからず。

　　認知症には高齢発症だけではなく、若年発症の認知症もあります。若年性の認知症は、周りからは認知症とは思われず、うつなどの他の病気に間違われることもあります。見た目の年齢で認知症の有無を予想、判断せず、事実を客観的に検討することが大切です。

十二.　個人情報の保護ばかりを優先するべからず。

　　個人情報は、保護と活用のバランスが大切です。個人情報を別の人に伝えるときは、できる限り顧客の了承をもらうことが重要です。他方で、顧客の財産が危険にさらされているときなどは、了承が不要となる個人情報保護法の例外規定も視野に入れ、内容とその範囲に留意をして動くことが肝要です。

十三.　家族や地域の支援者との連携は急場しのぎで行うべからず。

　　困ったときだけ連携するのではなく、普段から相談しやすい間柄が大切です。

あとがき

　このたびは本書を手に取っていただきありがとうございました。あとがきにあたり、このプロジェクトを開始するきっかけになった出来事をご紹介したいと思います。私が外来で担当していたアルツハイマー型認知症の80代の女性患者さんがおられました。お一人暮らしをされていましたが、徐々に身の回りのことがうまくできなくなり、介護保険を申請してホームヘルプサービスを受けておられました。あるとき、担当のケアマネジャーさんが病院に来られて、その方が生前からの自分のお葬式の申し込みをしてしまい、お金がなくて支払いができず困っていることを報告されました。その方自身は申し込みをしたことも忘れておられました。結局ケアマネジャーさんが葬儀会社にかけあって契約を解除してもらったのですが、このようなことは日々地域で起きているのだろうと思います。記憶や理解力が失われる中で日々の生活を送っている高齢者の不安な思いを感じると同時に、契約を結ぶ側の民間企業も困っておられるだろうと思いました。

　高齢者の一番の特徴をあげるとすれば、個人差が大きいということです。100歳を超えてもお元気で、自分で何でもできる方がおられる一方で、70代から認知症などの病気で意思決定能力が低下している方もおられます。超高齢社会を迎えた日本では、年齢だけで制限を設けるのではなく、お元気な方はいつまでも活躍できる社会を目指す必要がありますが、一方で高齢になると認知症の有病率も上がり、意思決定能力が低下するリスクが上がるのも事実です。このため、その人の意思決定能力に応じた支援を受けられる仕組みづくりを大学の研究者、民間企業、そして現場で活躍されている法律家や福祉関係者と一緒に取り組めたらと思って計画したのがこのプロジェクトです。このガイドはまさにそのような多方面からのご参加を得て作成することができました。金融機関の方が顧客の意思決定能力に応じて支援できるようになるために役立つ知識や実践的な会話を盛り込むことができ、明日からの業務に役立つ内容になったと自負しております。

計画書作成当時はアイデアだけだった取り組みが、様々な人との出会いの中から形になっていく過程に立ち合うことができ、計画立案者の一人としてこれ以上幸せなことはありません。今回は金融機関を対象としましたが、これから小売業や不動産業など他の業界にも対象を広げていきたいと思いますし、高齢者の側の視点に立った備えのためのガイドも作成していきたいと考えています。また、急速な進歩を遂げるFinTech（フィンテック）やコミュニケーションロボットなどのICTを用いた支援システムの開発にも取り組んでいきたいと考えておりますので、引き続き皆様のご支援をお願いいたします。

2017年8月

京都府立医科大学大学院
医学研究科　精神機能病態学
教授　成本　迅

PROFILE

監　修　**一般社団法人 日本意思決定支援推進機構**

　科学技術振興機構「革新的イノベーション創出プログラム（COI STREAM）」における「高齢者の地域生活を健康時から認知症に至るまで途切れなくサポートする法学、工学、医学を統合した社会技術開発拠点（Collaboration center of law, technology and medicine for autonomy of older adults: COLTEM）」プロジェクトの枠組みにおいて、高齢者の意思決定支援を行う目的で設立した機構。高齢者本人の好みや意思を最大限尊重するために必要な技術やサービス、能力低下の評価とそれに基づく支援方法などについて研究開発と社会への普及を目指している。

執筆者
（50音順）

加藤　佑佳（かとう　ゆか）

　公認心理師。臨床心理士。2008年医療法人恒昭会藍野病院勤務。2011年より京都府立医科大学大学院医学研究科精神機能病態学。2014年より同特任助教を経て、2015年より同助教。専門は神経心理学。

金井　司（かない　つかさ）

　1983年住友信託銀行（現三井住友信託銀行）に入社し、2005年より企画部・社会活動統括室CSR担当部長。2018年4月よりフェロー役員兼チーフ・サステナビリティ・オフィサー。同社グループのサステナビリティ業務全般を統括する。2011年の21世紀金融行動原則の設立に携わり、現在、運営委員兼「持続可能な地域支援ワーキンググループ」座長。国際長寿センター「ライフスタイル研究会」座長他。著書論文等多数。

上林　里佳（かんばやし　りか）

　社会福祉士、精神保健福祉士、介護福祉士、介護支援専門員、証券外務員。1983年大和証券京都支店勤務。退職後、医療、福祉分野で勤務。地域包括支援センター・居宅介護支援事業所では相談業務を担う。2018年より上林里佳社会福祉士事務所 オフィス上林代表。高齢分野の講演多く、Financial Timesにも掲載される。ぱあとなあ京都 成年後見人、京都社会福祉士会　地域包括ケア・共生社会副委員長、虐待対応専門職チームメンバー。

椎名　基晴（しいな　もとはる）

　弁護士。2008年弁護士登録。2012年椎名法律事務所開設。2021年現在、京都市成年後見支援センター運営委員会副委員長、精華町権利擁護・成年後見センター運営委員会委員、京都弁護士会高齢者・障害者支援センター運営委員会副委員長。

名倉　勇一郎（なぐら　ゆういちろう）

　司法書士、行政書士。日本成年後見法学会会員、日本マンション学会会員。1984年より名古屋市内にて司法書士事務所開業。2000年3月より社団法人（現公益社団法人）成年後見センター・リーガルサポート愛知支部支部長、2002年6月より同法人理事、2009年6月より同法人「医療行為の同意検討委員会」委員長を経て、2015年6月より2021年6月まで同法人「制度改善検討委員会」委員長。

成本　迅（なるもと　じん）

　精神科医。1995年京都府立医科大学医学部卒業。2001年京都府立医科大学大学院医学研究科博士課程修了（医学博士）。医療法人精華園、京都府精神保健福祉総合センター、五条山病院を経て、2005年より京都府立医科大学大学院医学研究科精神機能病態学助手、2009年より同講師、2015年より同准教授を経て、2016年より同教授。専門は老年精神医学。

山田　克彦（やまだ　かつひこ）

　産学連携コーディネーター。1980年大日本印刷株式会社入社。企画開発・営業部門を経て、同社ソーシャルイノベーション研究所にて高齢化対策を研究。同社退社後、2016年より京都府立医科大学大学院医学研究科精神機能病態学にて意思決定支援に関する研究を行う。

協 力 者　飯干紀代子（志學館大学　人間関係学部　教授）
　　　　　小賀野晶一（中央大学　法学部　教授）

協力機関　株式会社京都銀行
　　　　　株式会社ベネッセスタイルケア
　　　　　株式会社三井住友銀行
　　　　　損害保険ジャパン日本興亜株式会社
　　　　　第一生命保険株式会社
　　　　　大日本印刷株式会社
　　　　　みずほリサーチ＆テクノロジーズ株式会社
　　　　　三井住友信託銀行株式会社
　　　　　21世紀金融行動原則・持続可能な地域支援ワーキンググループ

実践！　認知症の人にやさしい金融ガイド
多職種連携から高齢者への対応を学ぶ

2017年9月30日　初版発行
2021年6月30日　第3刷発行

監　　修●一般社団法人 日本意思決定支援推進機構
編　　著●ⓒ成本　迅
　　　　　COLTEMプロジェクト
発行者●田島英二
発行所●株式会社 クリエイツかもがわ
　　　　〒601-8382　京都市南区吉祥院石原上川原町21
　　　　電話 075（661）5741　FAX 075（693）6605
　　　　http://www.creates-k.co.jp　info@creates-k.co.jp
　　　　郵便振替　00990-7-150584
イラスト●ホンマヨウヘイ
デザイン●菅田　亮
印 刷 所●モリモト印刷株式会社
ISBN978-4-86342-220-9 C0036　printed in japan

本書の内容の一部あるいは全部を無断で複写（コピー）・複製することは、特定の場合を除き、
著作者・出版社の権利の侵害になります。

■ 認知症関連　好評既刊本

必携！認知症の人にやさしいマンションガイド
多職種連携からみる高齢者の理解とコミュニケーション　　一般社団法人日本意思決定支援推進機構／監修

居住者の半数は60歳を超えているマンション。トラブルも増加している。認知症患者にもやさしいマンション環境をどう築いていくか。認知症問題にかかわる様々な専門家とマンション管理の専門家から、管理組合や住民のみなさんに知恵と情報を提供。　　　　　　　　　　　　　　　　　　　　　　　　　　1760円（税込）

認知症の人の医療選択と意思決定支援
本人の希望をかなえる「医療同意」を考える
成本 迅・「認知症高齢者の医療選択をサポートするシステムの開発」プロジェクト／編著

医療者にさえ難しい医療選択。家族や周りの支援者は、どのように手助けしたらよいのか。もし、あなたが自分の意向を伝えられなくなったときに備えて、どんなことができるだろう。　　　　　　2420円（税込）

認知症ケアのための家族支援
臨床心理士の役割と多職種連携　　小海宏之・若松直樹／編著

経済・環境・心理的な苦悩を多職種がそれぞれの専門性で支援の力点を語る
「認知症という暮らし」は、夫婦、親子、兄弟姉妹、義理……さまざまな人間関係との同居。「家族を支える」ことは、多くの価値観、関係性を重視するまなざしである。　　　　　　　　　　　　　　　　　　　　1980円（税込）

作業療法士がすすめる認知症ケアガイド　　行動心理症状の理解と対応＆活動の用い方
ローラ・N・ギトリン、キャサリン・ヴェリエ・ピアソル／著　西田征治・小川真寛・白井はる奈・内山由美子／訳

認知症のある人と介護者のベストサポートを見つけよう！
認知症のある人や直接介護する家族、介護士だけでなく、作業療法士、理学療法士、看護師など専門職に役立つ、幅広い内容の対応方法を集めたガイドブック。　　　　　　　　　　　　　　　　　　　　1980円（税込）

全国認知症カフェガイドブック
認知症のイメージを変えるソーシャル・イノベーション　　コスガ聡一／著

「認知症カフェ」がセカイを変える──個性派28カフェに迫る
全国の認知症カフェ200か所以上に足を運び、徹底取材でユニークに類型化。さまざまな広がりを見せる現在の認知症カフェの特徴を解析した初のガイドブック。武地一医師（藤田医科大学病院、「オレンジカフェ・コモンズ」創立者）との対談も必読！　　　　　　　　　　　　　　　　　　　　　　　　　　　　2200円（税込）

若年性認知症を笑顔で生きる 笑顔で寄り添う
松本恭子・田中聡子／編著

若年性認知症になっても、本人や家族がその後の人生を主体的に生きるために、どのような支援が必要なのか。治療と就労を可能にする"両立支援"と、家族と本人を支援し、主治医や職場、本人の望む居場所を調整する"若年性認知症支援コーディネーター"の役割をていねいにたどる。　　　　　　　　　　　　　1650円（税込）

老いる前の整理はじめます！　　暮らしと「物」のリアルフォトブック
NPO法人コンシューマーズ京都／監修　西山尚幸・川口啓子・奥谷和隆・横尾将臣編／著

3刷

最期は「物」より「ケア」につつまれて
自然に増える「物」。人生のどのタイミングで片づけはじめますか？　終活、暮らし、福祉、遺品整理の分野から既存の「整理ブーム」にはない視点で読み解く。リアルな写真満載、明日に役立つフォトブック。　1650円（税込）

絵本 こどもに伝える認知症シリーズ 全5巻セット
藤川幸之助／さく

5巻セット9900円（税込）
各1980円（税込）（分売可）

認知症の本人、家族、周囲の人の思いやつながりから認知症を学び、こどもの心を育てる「絵本こどもに伝える認知症シリーズ」。園や小学校、家庭で「認知症」が学べる総ルビ・解説付き。

赤ちゃん
キューちゃん
宮本ジジ／え

おじいちゃんの
手帳
よしだよしえい／え

一本の線を
ひくと
寺田智恵／え

赤いスパゲッチ
寺田智恵／え

じいちゃん、
出発進行！
天野勢津子／え

http://www.creates-k.co.jp/